授業ライブ

アクティブ・ラーニングによる算数科の学び合い

石井 勉 著
Ishii　Tsutomu

明治図書

はじめに

　ある研究授業の助言を依頼されて授業を参観した時のことです。参観後に，校長室でお茶を飲んでいる時に，その学校の校長先生から，こんなことを，言っていただきました。
　「本当に興味深そうに授業をご覧になりますね。熱心にメモをとられていたかと思うと，時には笑ったり，時には頷いたり，楽しそうに授業を参観されるから，授業の遣り甲斐もあるというものです。」
　この言葉は，私にとって最大級の褒め言葉です。私は学生の頃から，算数や数学の授業をすることが好きだし，算数・数学の授業を参観することも好きだし，算数・数学の授業の話をすることも好きなのです。
　よい授業に限らず，どの授業を見てもよい勉強になります。お手本になる指導もあれば，反面教師となる指導もあります。大変に興味深い授業に出会うことも少なくありません。その授業のおもしろさをリアルに表現したい，その生の雰囲気を伝えたい，その子どもたちの活躍振りを多くのみなさんに分かってほしい。そんな想いから本書は誕生しました。
　ここでは，3つの興味深い授業を通して，アクティブ・ラーニングの指導を「主体的な学び」「対話的な学び」「深い学び」を視点にして，それらを促すポイントを示しました。また，あわせて，その指導の前提となる考え方や，日常的な指導や，子どもたちの実態をバックグランドとして紹介しました。

　平成29年1月

　　　　　　　　　　　　　　　　　　　　　　　　　　　　石井　勉

もくじ
CONTENTS

はじめに

序章

期待される子ども像とその実現のための手立て

- ❶人工知能がもたらす社会の変化 7
- ❷アクティブ・ラーニングへの期待 8
- ❸主体的・対話的で深い学び 10
- ❹協働的な問題解決 11

第1章

ペアと小グループによる協働的な学び合い

1 問題設定　問題場面の理解と課題意識の共有
- ❶何センチか分からない 14
- ❷じゃあ君は何センチがいい？ 16
- ❸隣の人に先生には聞こえない声で言いましょう 18
- ❹他にも違う式もあると思うのだけどな…… 20

2 自力解決　個に応じた指導と練り上げへの準備
- ❶黙って解いてみましょう 22
- ❷詳しく書いてみましょう 24
- ❸他の人にまず説明してもらうけど 26

3 練り上げ　解決の説明と質疑応答，そして議論
- ❶質問，ありませんか？ ……………………………………………… 28
- ❷質問がないのはおかしい ……………………………………………… 30
- ❸それ，ゴミでしょ ……………………………………………… 32
- ❹まだ分からない人のために ……………………………………………… 34
- ❺たてる，かける，ひく，おろすを使いながら ……………………………………………… 36

4 まとめ　学習成果の確認と習熟，そして発展
- ❶検算という言葉を使って ……………………………………………… 38
- ❷今日の授業の中で何が大事だった？ ……………………………………………… 40

5 ペアと小グループによる協働的な学び合いの意味と価値
- ❶ペアによる協働的な学び合い ……………………………………………… 42
- ❷小グループによる協働的な学び合い ……………………………………………… 43
- ❸授業の総括 ……………………………………………… 44

第2章
リレーまとめと付箋コメントによる協働的な学び合い

1 問題設定　問題場面の理解と課題意識の共有
- ❶入場料って，何？ ……………………………………………… 46
- ❷あっているけど，違う ……………………………………………… 48
- ❸みんなのお母さんが来たんじゃない？ ……………………………………………… 50
- ❹すっきりしよう ……………………………………………… 52

2 自力解決　個に応じた指導と練り上げへの準備
- ❶不安っていう人は前においで ……………………………………………… 54

❷何かに気付くと二重丸になるよ ……………………………………………… 56
　　❸あれを書き忘れているのかなぁ？ …………………………………………… 58

3　練り上げ　リレーまとめと付箋によるコメント，そして議論
　　❶今日はリレーまとめをしたいと思います ………………………………… 60
　　❷あー分かった！ ……………………………………………………………… 62
　　❸もう付箋を貼っていいよ …………………………………………………… 64
　　❹多いのと少ないのがある …………………………………………………… 66
　　❺合体してるから ……………………………………………………………… 68
　　❻入場券を合わせちゃった …………………………………………………… 70
　　❼合体していないからバラバラ法 …………………………………………… 72

4　まとめ　学習成果の確認と深化
　　❶式には場面を表すという役割もある ……………………………………… 74
　　❷大人と子どもの人数が同じならできる …………………………………… 76

5　リレーまとめと付箋コメントによる協働的な学び合いの意味と価値
　　❶リレーまとめによる協働的な学び合い …………………………………… 78
　　❷付箋コメントによる協働的な学び合い …………………………………… 79
　　❸授業の総括 …………………………………………………………………… 80

第3章

チームまとめとリズミカルな対話による協働的な学び合い

1　問題設定　問題場面の理解と課題意識の共有
　　❶縦分けと横分け ……………………………………………………………… 82

❷正方形から長方形をひく ……………………………… 84
　❸ぼやけているな ………………………………………… 86
　❹うまいこと，まとめてくれ …………………………… 88
　❺許してくれ？　分からん？ …………………………… 90

2 自力解決　個に応じた指導と練り上げへの準備
　❶ぴったりの数で計算してね …………………………… 92
　❷ものによったら，使い分けをしている ……………… 94

3 練り上げ　チームまとめと解決方法の説明，そして議論
　❶自分のチームのまとめ役の席の周りに集まって …… 96
　❷2×2って，おかしい ………………………………… 98
　❸電池のような形。こんな求め方でやったで，と説明して … 100
　❹ちょっと面倒くさい …………………………………… 102
　❺全体からひくってやったよって人？ ………………… 104
　❻いつでも全体からひくがいいわけとちゃうんやな？ … 106
　❼どれでもできるけど，全体からひくがいい ………… 108

4 まとめ　学習成果の確認と発展，そして次時の予告
　❶分けて，公式を使えるようにした …………………… 110
　❷ちょっと違うやり方を言いよったで ………………… 112

5 チームまとめとリズミカルな対話による
　　　　　　　　　　　協働的な学び合いの意味と価値
　❶チームまとめによる協働的な学び合い ……………… 114
　❷リズミカルな対話による協働的な学び合い ………… 115
　❸授業の総括 ……………………………………………… 116

参考引用文献

おわりに

序章

期待される子ども像とその実現のための手立て

❶ 人工知能がもたらす社会の変化

　中央教育審議会（2016）をはじめ，様々な場面で人工知能（AI）による社会の変革とその影響を言及しています。これは産業革命と対比して，AI革命と言われているようです。

　これは2016年の報道として，世界ランキング１位の囲碁名人に，人工知能によるプログラムが勝利したニュースがあったことと無縁ではありません。2012年になされたグーグルによるネコ認識と，その源は同じです。それは膨大なデータからネコの顔をコンピュータが認識したという，ディープラーニングの成果の１つであり，多くの囲碁の定石から導かれた必勝法でした。このディープラーニングは，コンピュータ自身が自ら学習して賢くなるというものであり，深層学習と和訳されています（松尾，2015）。そして，近年の計算処理速度の向上とビッグデータの活用が，ディープラーニングの実現の原動力であったと言われています（小林，2015）。

　人工知能による社会の変革は，様々な変化をもたらすと言われていますが，それを広く認知させたのは，将来の職業に関わる研究でした。それは，人工知能に取って代わる仕事と残る仕事に関するものでした（Frey&Osborne, 2013）。いわゆる，なくなる仕事と残る仕事と言われるものです。

　20年後になくなる仕事として，一般事務職員，受付係，警備員，建設作業員，自動車組立工，スーパー店員，測量士，タクシー運転手，宅配便配達員，

ホテル客室係などが挙げられています。大型スーパーでは珍しくなくなったセルフレジの普及を考えると、受付係やスーパー店員などは現在進行形の事実のようです。また、最近よく話題になる自動車の自動運転などを考えると、タクシー運転手や宅配便配達員など近い将来の必然のようです。そして、警備員や建設作業員などのように、厳格な手順の遂行が求められる危険が伴う仕事も人工知能に取って代えられる仕事のようです。

　一方、20年後にも残る仕事と言われるものが、医師、映画監督、観光バスガイド、小中学校教員、スポーツインストラクター、ソムリエ、美容師、保育士、幼稚園教員、ミュージシャン、理学療養士です。医師や教員など他者との協調が求められる仕事は、なくなる可能性が低いようです。また、映画監督などの芸術に関わる仕事も生き残る仕事と言われています。

　この芸術に関わる仕事では、何と言っても創造性が欠かせません。また、この他者との協調とは、協調性そのものです。来るべき人工知能社会を見越してイングランドでは、2014年より新科目としてコンピューティングを必修にしました。英国において、その指導に関わってプログラミングよりも、この創造性と協調性を重視していることは注目に値します。人間にしかできない創造性と協調性を重視した教育が、これからは求められているのです。

　また、来るべき人工知能による社会では、考えるという人間の根源に関わる活動が極端に減少する可能性も指摘されています。これは人間が人工知能の言いなりで働かされる現象となり得るものであり、人工知能による人類の支配といった大きな危惧を抱かせます。この点で、多様な考え方に触れて、受容的に受け入れたり、逆に懐疑的に批判的思考をしたり、時には議論を通して切磋琢磨する教育が求められています。

❷ アクティブ・ラーニングへの期待

　中央教育審議会による「初等中等教育における教育課程の基準等の在り方について（諮問）」（2014）では、以下のようにアクティブ・ラーニングについて記述されています。

そのために必要な力を子供たちに育むためには，「何を教えるか」という知識の質や量の改善はもちろんのこと，「どのように学ぶか」という，学びの質や深まりを重視することが必要であり，課題の発見と解決に向けて主体的・協働的に学ぶ学習（いわゆる「アクティブ・ラーニング」）や，そのための指導の方法等を充実させていく必要があります。こうした学習・指導方法は，知識・技能を定着させる上でも，また，子供たちの学習意欲を高める上でも効果的であることが，これまでの実践の成果から指摘されています。

　注目するべきは，課題の発見・解決と主体的・協働的な学習です。前者は意欲の伸長を，後者は子どもたちが教え合ったり学び合ったりすることを意図していると言われます。この協働的な学習は，先に注目した協調性の重視と方向性は同じです。
　一方，中央教育審議会大学分科会大学教育部会による「予測困難な時代において生涯学び続け，主体的に考える力を育成する大学へ（審議まとめ）」（2012）の中で用いられた用語集の中で，アクティブ・ラーニングは以下のように規定されています。

　　教員による一方向的な講義形式の教育とは異なり，学習者の能動的な学習への参加を取り入れた教授・学習法の総称。学習者が能動的に学ぶことによって，後で学んだ情報を思い出しやすい，あるいは異なる文脈でもその情報を使いこなしやすいという理由から用いられる。発見学習，問題解決学習，体験学習，調査学習等が含まれるが，教室内でのグループ・ディスカッション，ディベート，グループ・ワーク等を行うことでも取り入れられる。

　ここで用いられる「学習者」は，もともとは大学教育を意識した「学修者」と表現されていた用語です。講義中心の一方的な指導の問題点を解決す

るために，学習者の主体的・能動的な学習を促進しようとするものです。このことからもアクティブ・ラーニングは指導方法としての概念であり，指導内容を間接的にさえも話題にしていないことは注目を集めます。

❸ 主体的・対話的で深い学び

中央教育審議会は平成28年12月に取りまとめた「幼稚園，小学校，中学校，高等学校及び特別支援学校の学習指導要領等の改善及び必要な方策等について（答申）」において，アクティブ・ラーニングの視点として，主体的な学び，対話的な学び，深い学びについて，以下のように説明しています。

【主体的な学び】
　学ぶことに興味や関心を持ち，自己のキャリア形成の方向性と関連付けながら，見通しを持って粘り強く取り組み，自己の学習活動を振り返って次につなげる「主体的な学び」が実現できているか。

【対話的な学び】
　子供同士の協働，教職員や地域の人との対話，先哲の考え方を手掛かりに考えること等を通じ，自己の考えを広げ深める「対話的な学び」が実現できているか。

【深い学び】
　習得・活用・探究という学びの過程の中で，各教科等の特質に応じた「見方・考え方」を働かせながら，知識を相互に関連付けてより深く理解したり，情報を精査して考えを形成したり，問題を見いだして解決策を考えたり，思いや考えを基に創造したりすることに向かう「深い学び」が実現できているか。

アクティブ・ラーニングは指導方法に強く重点を置いていることから，教

科の特質を配慮する目的で深い学びが特徴的です。一方，対話的な学びは協働という点で，英国で重点が置かれる協調性に対応するとも言えるでしょう。この点から考えると，深い学びでは創造性の育成がポイントとして挙げられます。そして，主体的な学びはアクティブ・ラーニングが実現を目指す主体的・能動的な学習へ直接接近するものです。

　中央教育審議会は，この3つの視点のうち，学びの深まりの鍵として，各教科等の特質に応じた見方・考え方であることを強調しています。主体的な学びや対話的な学びを通して，深い学びの実現を期するものであり，主体的・対話的で深い学びと表現されるものです。

❹ 協働的な問題解決

　問題解決の指導は，Polya（1954）が強調する4段階の影響を受けながら，問題設定，自力解決，練り上げ，まとめという4段階で説明されます。問題設定を問題提示とか問題把握と言ったり，自力解決を個人解決と言ったり，練り上げを集団解決とか集団検討とか集団討議と言ったりすることもありますが，その大意に大きな違いはありません。

　いずれも1時間の授業で1つの問題に進んで取り組んで，多様な解決をもとに深い議論をさせるものです。したがって，主体的な学びをする上で効果的であり，対話的な学びをする上でも有効です。そして，その自力解決や練り上げの質が高まるほどに，深い学びが実現されるのです。Polya（1954）はヒューリスティクスと言われる正答への接近を強調していることから，これは当然の帰結と思われます。

　我が国では数学的な考え方に重点を置いた指導が継続される中で，問題解決の指導が発展してきました。その際の基本理念の1つは創造性の育成でした。その過程で自力解決における個人差への対応が図られ，練り上げの質的改善が進められてきました。自力解決と練り上げを通して，子どもの創造性の基礎が培えると考えられたのです。

　しかし，学力低下の原因として，問題解決の硬直化した指導の型が指摘さ

れました（長崎，2011）。この点から新たな様々な試みがなされています。その1つは練り上げの質的改善としてのグループによる練り上げです。グループの活動は，複数の参画者による協働によって，1人では発想されないような魅力的なアイディアを見出すことが期待されます。将来の協調性のある参画者を育成するという時代の要請に応えるために，算数の授業でグループによる協働的な自力解決や練り上げに取り組むべきかもしれません。しかし，その際にはグループによる自力解決や練り上げに対する，質的な保証が肝心です。数学的見方・考え方に基づいた深い学びの強調は，この質保証をもたらすことが期待されます。

第1章

ペアと小グループによる協働的な学び合い

　ここでは，小学校第4学年の「わり算の筆算」における，余りのある除法の筆算の1時間の授業を取り上げます。これは，平成27年6月にM県内の公立小学校で実施されたものです。

　本単元は全16時間で構成されています。第1次では2時間で何十・何百の除法を取り上げて，2～3位数をわってよいことを確認します。第2次では7時間で2～3位数÷1位数の筆算を順序よく取り上げて，除法の筆算を指導します。第3次では4時間で倍の計算を取り上げて，割合の見方から除法を扱います。第4次では1時間で10や100の倍数÷1位数の暗算を取り上げて，除法の仕組みを考察します。そして，第5次では2時間で単元のまとめをします。本時は，この16時間分の4時間目として位置付けられた授業です。

　本単元の目標は，2～3位数÷1位数の筆算を数の構成に基づいて，計算ができるようにすることであり，筆算の習熟に重点が置かれるのが普通です。このような単元では，計算練習に頼ることが多いのですが，機械的な手続きの繰り返しは学習意欲の減退につながることもあるので，注意が必要です。この点を考慮して，本時では，ペアや3名からなる小グループによる協働的な学び合いを通して，機械的手続きを説明する活動に重点を置いた指導に取り組まれています。

1 問題設定 問題場面の理解と課題意識の共有

① 何センチか分からない

T 号令かける人います？ いたらやってください。
C 起立，気をつけ。
T こんにちは。
C え？（笑い声），礼，お願いします。
T みなさん，ノートあります？ ノートを出していただけますか？
T 出すというのは開くという意味です。開いたら，下敷きを入れます。下敷きを入れたら，筆記用具を持ってくれます？

> **Background** 授業の開始を迎えても準備のできていない状況があれば，その必要を子どもたちに指導しなければなりません。飛び込みの授業ではしばしば見受けられる指導です。

T とりあえず，ノートを開いて筆記用具を出したら，黙って私の方を向いてくれますか？
T 今から問題を書きますので，みなさんも一生懸命にノートに書いてください。隙間はなんとなく空けておいてください。どのくらい空けるかは，数字を書きますので，1マスか2マス，空けておきまし

対話的な学びを引き出す POINT
問題を未完成の状態で与えることで，活発な対話的な活動を通して，本時の問題を設定していきます。

ょう。書き終わったら，私は5だけ数えてみなさんの方を向きますから，書き終わったら鉛筆を置いて待っていてください。必死に書かないと書けませんよ？

　「90cmのリボンを　　cmずつに切り分けるとどうなるか，詳しく説明しなさい。」

T　1，2，……5。そろそろ振り向いて平気ですかね？
C　いいよ。
C　まだまだ。
C　あと3秒でいいよ。
T　じゃあこれ書いて，その後に振り向こう。
　「いろいろな　　を考えよう。」
C　いろいろな，「え」？
C　2文字分か……。
T　いいですかね？
C　いいよ。
T　まだ書いている人は書いちゃって。この問題を考えていこうと思っています。質問ある人は手を挙げてってくれますか？
C　（挙手なし）
T　手が挙がらないと，じゃあ解いてくださいってなるのだけど。……C24くんとC35くん，はいどうぞ。
C24　何センチか分からない。

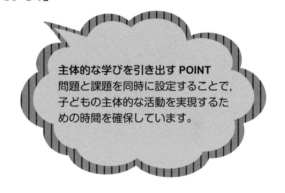

主体的な学びを引き出すPOINT
問題と課題を同時に設定することで，子どもの主体的な活動を実現するための時間を確保しています。

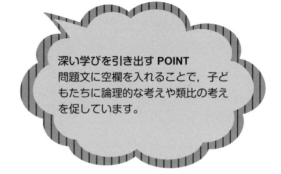

深い学びを引き出すPOINT
問題文に空欄を入れることで，子どもたちに論理的な考えや類比の考えを促しています。

❷ じゃあ君は何センチがいい？

T　そうだね。じゃあくんは何センチがいい？

C35　（困った表情で）20。

T　今，適当に言いましたよね？　理由があって20にした？

C35　半分くらいになるかと思って。

T　ちょっと待って。落ち着いて考えよう。

T　90センチのリボンがあって，それを半分ずつ切り分けると，20センチというわけですか？　20センチずつだと半分になるのかなぁ？

C　（子どもたちは激しく首を振る）20センチだと，ならないよ！

T　（問題文の空欄を指差しながら）ここの数字がいくつだったら，みんなはうれしいですか？　C44くんとC55くん。

C44　10センチ。

T　あーなるほど，10センチはたしかに望ましい数字ですね。なぜなら，んーんーだから。C44くん，いいことを言うねぇ。かっこいいなぁ。

C55　えっと，10，20。

T　違うよ。んーんーだから。彼が10センチだといいって言ったわけ。んーんーって何だろう？　C24さん。

C24　簡単だから。

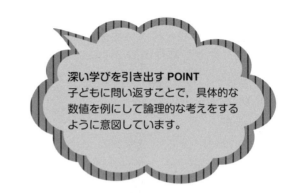

深い学びを引き出すPOINT
子どもに問い返すことで，具体的な数値を例にして論理的な考えをするように意図しています。

深い学びを引き出すPOINT
「んーんーだから」と理由を問うことで，子どもは根拠を意識して，論理的に考えようとします。

T　そうね,簡単。どうして簡単なの？
C24　数える時に……,数える時に簡単だから。
T　数えて解決するのは,1年生がよくやる確実な方法です。10センチの時に,数えると答えはいくつなの？　手を挙げて話してほしいな。C35さん。
C35　10になります。どうですか？
C　いいです。
T　何で？
C35　10センチずつ分けていくと……。
T　1本とると何センチになる？
C35　10センチ。
T　2本だと？
C35　20センチ。
T　5本だと？
C35　50センチ。
T　6本だと？
C35　60センチ。
T　8本だと？
C35　80センチ。
T　9本だと？

深い学びを引き出すPOINT
「何で？」と理由を問うことで,10cmずつだと9本とれることを明確にして抽象的な考えを促しています。

Background　10センチずつとっていくと9本になることを見抜けているはずなのに,自信を持てていないC35に対して,解決を促す指導をすることで,学級全体で答えを確認しています。

C35　90センチ。
T　何本とれた？
C35　え？

❸ 隣の人に先生には聞こえない声で言いましょう

T　10センチずつだと，全部で何本とれた？
C35　9本。
T　そうだね。答えは何本だった？
C21　9本です。
T　はい，なるほど。そういう意味で数えるのは正しいけど，10センチよりも，もっと簡単な式があるのだけど……。
C64　9センチ。
T　そうなんだ。もっと簡単な場合があるよ。C55くん。
C55　45センチ。
T　あー。45センチだって。まあ，ありかもしれない。45センチずつ切り分けると答えはいくつになる？
C　……。
T　手を挙げて答えてほしいのだけど……。みんな，答えを言うくせに，手は挙げないの？
C　（2名が挙手）
T　面倒な子たちだなぁ。同じ人が手を挙げているのですが，同じ人ばかりの発言が続くのは嫌なのです。
C　（挙手が10名程度に増える）
T　それではC24くん。
C24　90センチになります。
T　ちょっと待てよ。90センチのリボンを45センチずつ切り分けるとどうな

対話的な学びを引き出すPOINT
10cmの場合だけでなく，「もっと簡単な式がある」と投げかけ，他の子どもの参加を促しています。

る？
C24 2本になる。
T いい？ なぜ2本になると言えるの？
C （3名が挙手）
T やだなあ。手の挙がりが悪いなあ。隣の人に先生には聞こえない声で言いましょう。隣の人に先生に聞こえない声で「んーんーだからだよ」って言ってみて。まず，窓側から隣の人に「これこれこういう理由で2本だよ」って10秒で言ってみましょう。
C （ペアになって窓側の子どもがまず理由を言う）
T 次は，廊下側の人の番です。先生に声が聞こえていた人がいましたよ。もう少し小さな声で言いましょう。
T （10秒してから）おしまい。どうして2本なの？ 2本の理由は？
C （17名が挙手）
T 手を挙げる人が増えて，うれしいな。C34さんとC23さん。
C34 半分だから。
C23 半分ずつだから。

対話的な学びを引き出す POINT
挙手の状況が芳しくないことから，子どもに思考を整理させる目的でペアの活動を位置付けています。

Background ペアの活動を計画的に実施したわけではなく，まず挙手をするように指導を繰り返しています。しかし，挙手が増えないため，ペアの活動を実施して改善しています。

T なるほど。半分だから2本になるよね。

❹ 他にも違う式もあると思うのだけどな……

C12 （挙手を続ける）

T　C12さんは何か違うこと言いたくて，手を挙げているの？

C12　45センチが2つだから90センチになります。

T　なるほど。式で書くと，どうなる？　C12さん。

C12　45×2。どうですか。

C　（一斉に）いいです。

T　かけ算ですね。他の式だと，どうなる？

C　（10数名が挙手）

T　いいね，なかなかいいな。C53くん，C13くん。

C53　わり算。

C13　90÷45だと思います。どうですか。

C　（一斉に）いいです。

T　なるほど。他にも違う式があると思うのだけどな……。どんな式？

C55　45＋45。

T　こういう式もあり得るのだろうね。他にも違う式があるんじゃないかな。だって，かけ算があって，わり算があって，たし算があったら，あと……。C13さんどうぞ。

深い学びを引き出すPOINT
子どもから導かれた理由を式に変換させることで，式の考えのよさを明確にしています。

対話的な学びを引き出すPOINT
45が2つで90の発想から，加法と減法による解決を子どもが発言したくて仕方ない様子が分かります。

C13 90−45だと思います。

C 同じです。

T いろいろありそうですね。（問題文の空欄を指して）ここの数字はのちほどに話題にしましょう。

T 他の意見ありますか？　じゃあ尋ね方を変えましょう。（課題の空欄を指して）この漢字2文字は何ですか？　あなた，何がいい？　何って書きます？　漢字2文字ですよ。

C33 数字。

T いろいろな数字の場合について？　するどい。たしかに，いろいろな数字で確かめてみることに価値がある。さっきも10の場合とか考えたね。いろいろな数字で確かめてみることで気付くことがあれば，発見することもありますね。今日はどんなことを考えてみましょうか？

C33 解き方。

C55 漢字2文字だよ。

C34 解決。

T 解決。どういう解き方があるかということだね。（課題の空欄に解決と板書してから）今日は，ここ（問題の空欄）がこの場合について考えていきましょう。

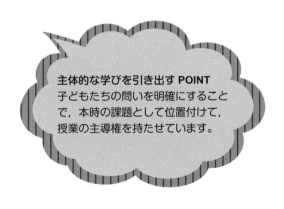

主体的な学びを引き出す POINT
子どもたちの問いを明確にすることで，本時の課題として位置付けて，授業の主導権を持たせています。

T （問題の空欄に8と板書して）8センチ。それでは，この問題を解いてください。お好きな方法で，この問題を解きましょう。

Background　算数科は積み重ねの教科と言われるように，個人差が顕著です。問題を自力解決の直前で完成させることで，全員が同時に解決をスタートできるように工夫しています。

2 自力解決 個に応じた指導と練り上げへの準備

❶ 黙って解いてみましょう

　自力解決は16分間にわたり実施されました。最初の１分間で下の順路で全員の子どもの状況を把握するために，１回目の観察を行っていました。

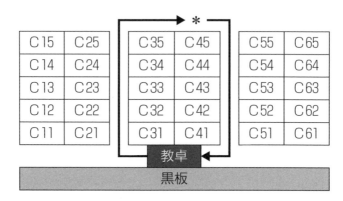

　その途中（＊の地点）で学級全体に向かって次のように指示を出します。

T　話し合いたい人もいるだろうし，友達が何をしているか気になる人がいると思うけど，まずは黙って自分だけの力で解いてみましょう。どうしても気になることがあったら，先生に話しかけることにしましょう。

深い学びを引き出す POINT
問題解決力を高めるために，集中して考える環境を作り，粘り強く考える習慣を身に付けさます。

なお，この１分間の机間指導では，個別に子どもに話しかけることはありませんでした。ここまでの自力解決に関する全体的な印象として，生活指導的な指導効果は感じられますが，算数科としての教科の特性による指導はなされていませんでした。

　自力解決における１分後から４分後に相当する，次の３分間も先ほどと同様の順路で机間指導していました。先ほどは観察に重点が置かれていたようですが，今回は個別の指導が少しずつ始まっていきます。C13が下のような解決をして手を休めていました。

```
    1 1
8 ) 9 0
    8
    1 0
      8
      2
```

答え　11本と２cm

　本時の指導としては，余りのある筆算がターゲットですから，この解決は望ましい解決です。しかし，本時の課題として「いろいろな解決を考えよう」を掲げ，様々な図的表現を促していることから，次のような言葉をかけています。

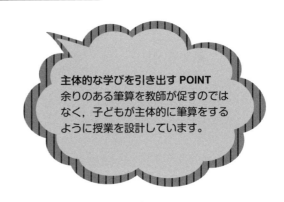

主体的な学びを引き出すPOINT
余りのある筆算を教師が促すのではなく，子どもが主体的に筆算をするように授業を設計しています。

T　違うやり方も考えよう。

　同様な状況であった，C34に次のような言葉をかけています。

T　お姉さん，いろいろなやり方をやるのだから，１つやっておしまいにしたらダメよ。

❷ 詳しく書いてみましょう

　自力解決における4分後から10分後に相当する，次の6分間も先ほどと同様の順路を2回まわりながら，3周目と4周目に相当する机間指導をしていました。先ほどは多様な解決を促すことに重点が置かれていたようですが，今回は本格的な個別の指導が行われていきます。C12が下のような解決を書いていました。

　「8が10個で80です。だから90の中に8は，11個あります。」

　これは記述の途中であり，これに余りに関する説明が書き加えられることが期待されることから，文末を指差しながら次のような助言をしています。

T　うん，いいね。ここね，もう少し詳しく書いてみましょう。

深い学びを引き出すPOINT
詳しい説明を促して，そのプロセスを詳細に振り返り，根拠をもとに考えさせます。

　この後，先の順路に沿って子どもたちのノートを観察していきました。しばらくして，C42の脇で立ち止まりました。そして，C42のノートを見て，個別の指導を行いました。そのノートには，下のような解決が書かれていました。

　本時の課題は「いろいろな解決を考えよう」であり，特に多様な図的表現による解決を目的としていることから，次のような助言をしています。

T　そうそう，いろいろとやってごらん。

　この後，5名の脇で立ち止まり，ノートをのぞき込みながら次のような助言をしています。これらの助言の詳細な意図は個々に異なるものの，全体と

しては子どもを励ます助言であり，子どもの解決を後押しする助言でした。
T　そうそうその調子。
T　あぁ，そう，そう。賢い，賢い。

　自力解決における10分後から12分後に相当する，次の２分間も先ほどと同様の順路をまわりながら，５周目に相当する机間指導をしていました。先ほどは個々の子どもの解決を励ましたり後押ししたりする助言ばかりだったようですが，今回はノートの記述における誤りを具体的に指摘するなどの個に応じた指導が行われていきます。C62が下のような解決を書いていました。

　　　90÷8＝11あまり２
　　　11×8＋2＝11×10＝

　乗除法は加減法に先行するので，11×10は88＋2の誤りです。その上に，8の単位はcmで，11は本ですから，たしかめ算としては11×8ではなく8×11ですから，この式は指導の対象です。まず，「90÷8＝11あまり２」の式について下のように助言しています。次に，「11×8＋2」について下のように個別に指導をしています。

T　この式が正しいですよ。OK？
T　この式はちょっと違う。まずこの式やって，終わったら次。

　ここの指導における「まずこの式」とは11×8であり，「次」は88＋2を指しています。この指導は計算の順序の確認をしています。

　この他にも計算だけしているC54に対して図的表現を促す助言や，計算間違いをしているC15に対して計算の順序を見直す助言を下のようにしていました。

T　こういうの使うとどうなるかな？
T　これやってから直しなさい。

　一方，表による解決をかき始めたC32に対して関数的な見方を促す表をかき続けるように促す，下のような助言をしていました。

T　あぁいい，なかなかいい。

❸ 他の人にまず説明してもらうけど

　自力解決における12分後から15分後に相当する，次の３分間も先ほどと同様の順路をまわりながら，６周目に相当する机間指導をしていました。先ほどは個々の子どものノートの記述における誤りを具体的に指摘するなどの個に応じた指導が行われていましたが，まず発表予定の子どもに対してその準備を指示しています。具体的にはC25に線分図を，C62に検算の式を，C43に余りのある除法の式を，C15に余りのある除法の筆算を発表ボードに転記させました。これと平行して，合わせて数名の子どもに，誤りの修正や他の解決を促す指導をしています。例えば，C14が下のような解決を書いていました。

　　　　90÷10＝9

　これは問題の数値を８cm ずつ分けることを10cm ずつ分けると混同している誤答であり，単純な取り違えに起因することが予想されることから，下のような助言をしていました。

T　これ違う。今８センチだから，問題が違うわけ。

　また，筆算をしてその手順を言葉で説明しているC53に対して，下のような助言をしていました。

T　これもいいけど。書き終わったら，分けている様子を絵に描いてごらん。

　ここで教室全体での私語が目立ってきたことから，学級全体に対して下のような指示をしています。

T　ちょっといいかな？　何か，しゃべっている人がいるのだけど，黙ってやった方がいいよ。OK？　どうしても，しゃべりたいのなら私を呼んでください。そうすれば話を聞いてあげるから。

　また，線分図をかいているC22に対して，励ましのメッセージが強い下のような助言をしていました。

T　いいぞ。これ，がんばってやって。そういうの，大事よ。

　その後に，余りのある筆算を発表ボードに転記するように指示したC15

に対して，下のような確認をしています。
T　みんなに，これはこうやってやるんだよって，説明できる？
C15（黙ってうつむく）
T　あんまり自信ない？
C15（黙って頷く）
T　書くのなら大丈夫？
C15（黙って大きく頷く）
T　OKです。

　これは指名した時には気付かなかったのですが，C15が外国籍の児童であるため，言葉に不自由して，人前で話すことが苦手な様子であることから，配慮の確認を試みているやり取りです。そこで，同様の筆算をノートに記述していたC65に説明の指示を下のようにしていました。

T　これ，続きを書いてみて。
C65（余りのある筆算の答えを書き上げる）
T　（筆算を指して）このやり方，説明できる？
C65　うん。
T　どうやって説明するか，考えておいてね。
　　他の人にまず説明してもらうけど，その後にC65さんに説明してもらいますからね。
T　これ，ハーが8ですか？
C65　八だけど，80です。
T　おぉ，なかなかいいです。その調子で説明を考えておいてね。

対話的な学びを引き出すPOINT
発表ボードを記入した子どもだけでなく，第三者の子どもに協働的に説明させようとしています。

3 練り上げ
解決の説明と質疑応答，そして議論

1 質問，ありませんか？

T　C25さん，C62くん，C43さん，C15さんの4人に説明してもらいます。

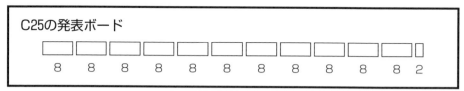

T　今から，ちょっとずつ説明してもらいます。説明できるところまででよいから，C25さん，何をしたかを説明してくださいね。
C25　（黒板の前に出てくるが，端の方で立ち止まる）
T　端にいないで，真ん中に来てね。
C25　90センチのものを……。
T　C25さん，ボリュームその5倍にして。
C25　90センチのものを8センチずつ11個に分けて，余りが出るので2センチになる。どうですか？
T　ごめん，質問を聞いてくれる？
C25　質問，ありますか？
C　はい。問題は8センチなのに，何で11センチずつ，切り分けたの？
C25　（戸惑った表情で返答せずに黙る）

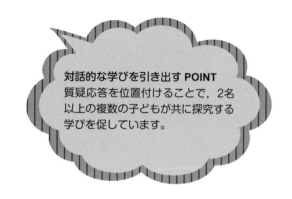

対話的な学びを引き出すPOINT
質疑応答を位置付けることで，2名以上の複数の子どもが共に探究する学びを促しています。

T　何センチずつ切ったかもう1回，説明してあげて。
C25　8センチ。
T　単語じゃなくて，文章で答えてごらん。
C25　8センチずつに切り分けました。
T　（Cの表情を確認しながら）OK？　他，受けて。
C25　質問，ありませんか？
C　（挙手をする子どもが現れない）
T　はい，質問。それ，何て言うの？　式って言うの？
C25　テープ図。
T　あぁ，なるほど。お疲れ様でした。テープを絵に描いたものだから，テープ図と言うようです。このテープ図を正確に説明すると何個ある？

主体的な学びを引き出すPOINT
教師が質問をしてみせることで，質問の仕方や視点の持ち方などを子どもたちが進んで学んでいます。

C　11個。
T　そうね。1，2，3，4，5，6，7，8，9，10，11で11個。それぞれが8センチずつだから？
C12　2センチ，余っちゃう。
T　そうね。8センチずつが11本だけ切り取れて，余りが2センチになっちゃうわけですね。このテープ図が離れているか，くっついているかは。この場合は同じでよいですか？
C25　（数名と一緒に頷く）

Background　算数科の授業は解決の多様性が授業の生命線です。その理解は解決の説明とその質疑応答により始まります。

❷ 質問がないのはおかしい

T 次はC62くんですね。(黒板の正面を指して)ここで説明をして。
C62 11×8＋2＝90になりました。質問はありませんか？
C (質問の挙手がない)
T 今の説明を聞いて質問がないのはおかしい。あ，もしね，直したいところあるなら，手を挙げて直しても構いません。
T (C62に向かって)質問，受けてくださいね。実を言うと，このことをノートに書いてくれたのはC62くんだけなの。これは，とても価値があることなのね。だから，みんなも説明を聞いて，「こうするといいんじゃない？」ともし気が付けば直してほしいわけです。直したいところがなければ，このままでも構わない。それでは，Let's Go！
C62 質問ありますか？
C なぜ，式が11×8＋2＝90になったんですか？
C62 答えが11で8が…だから。(徐々に声が小さくなり黙り込んでしまう)
T 正しいよ。続けて。
C62 答えが11で2が余りだからだと思いました。
T 他の質問受けてください。
C62 質問ありませんか？
T (挙手がないので)そっか，質問ないですか……。座っていいよ。C62くん，「20円のおかしを3個買います。」この時の式は20×3と3×20のどっちが正しい？
C62 3×20はダメで，20×3が正しいです。
T 3×20が何でダメ？
C62 かけられないから。

対話的な学びを引き出す POINT
質疑応答において矛盾を指摘させることで，子ども同士の相互作用を促しています。

> **Background** 算数科の授業では抽象的な議論が増える傾向があります。議論が膠着したことから具体的な場面を提示して，議論を活性化させています。

T 20×3の方が正しくて，3×20はなぜダメなのでしょうか？ はい，誰か。君にしよう。C12くん。

C12 3×20だと，3円のお菓子を20個買ったことになるからです。

T C12くんが言いたいことが通じた人，いるよね？ 誰か分かった人？

深い学びを引き出すPOINT
具体的な場面における式と対比させることで，類推的推論を促しています。

C62 (10数名の子どもと同時に挙手する)

T 気が付いたようなので，本人のC62くん，発表された式は隠滅して，書き直して結構です。

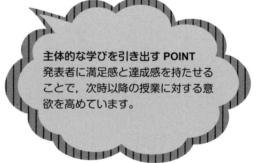

主体的な学びを引き出すPOINT
発表者に満足感と達成感を持たせることで，次時以降の授業に対する意欲を高めています。

C62 (「8×11＋2＝90」と発表ボードの記述を修正する)

T みなさんはこれでよいですか？

C (同意の声を上げる)

T OKです。さっきもやりましたね。たし算，かけ算，ひき算でもできるって言っていました。きちんとやったことをもとに，かけ算の式だとこうなるということを，自分の式で直してくれました。

❸ それ、ゴミでしょ

T　3番目はC43さんですね。

C43　90÷8あまり2。質問はありますか？

C　（質問者が現れない）

T　はい、質問です。余りって何ですか？

C43　……。

T　他に質問を受けてください。

C　（質問者が現れない）

T　例えば、2個のお菓子を2人で分けると1個ずつじゃないですか。4人だと半分ずつですね。これと同じように、余っても8人で分けちゃえばいいような気がしませんか？

C43　分かりません。

T　余りの2を、8人で分けちゃえばよいと思いませんか？ そのことについてどう思う？「そうだね」って思う？

深い学びを引き出すPOINT
本時の目的は余りのある筆算ですが、余りの意味を明確にするためにわり進む場合を提示しています。

C　（5～7名の子どもが挙手）

T　「違うんじゃない」って思う？

C　（7、8名の子どもが挙手）

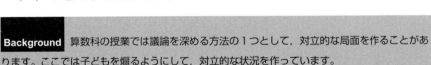

Background　算数科の授業では議論を深める方法の1つとして、対立的な局面を作ることがあります。ここでは子どもを煽るようにして、対立的な状況を作っています。

T　どっち？ 何か言いたかったら、手を挙げて言おうよ。1人、2人増え

てきたよ。C25さん。
C25 分けちゃえばよいと思います。
C44 2センチだから，5ミリずつに分けちゃえばよいと思います。
T C44くんは5ミリずつと言っていましたね。どうしてC44くんは5ミリだと思ったのでしょうか？
C53 2センチ余っているのだから，2人で分けると1センチずつでしょう。その1センチずつを2人ずつで分ければ5ミリずつだから，8人で分けるには，その半分にすればよい。
T 5ミリの半分ということですね。
C13 先生。5ミリの半分ずつ分ければよいのですか？
T さぁ……。どうして？
C13 だって8センチずつ切り分けるんでしょ。（親指と人差し指を接近させながら）5ミリの半分って，これしかないですよ。

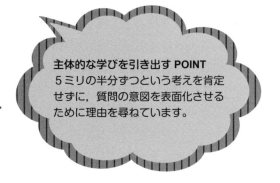

主体的な学びを引き出すPOINT
5ミリの半分ずつという考えを肯定せずに，質問の意図を表面化させるために理由を尋ねています。

C 短い！ 短い！
C33 それ，ゴミでしょ。
C （多くの子どもが笑う）
T そうだねぇ。ゴミですか……。どう思う？
C44 たしかにゴミですね。8センチのリボンを作りたいわけでしょ。ゴミを作っても仕方ないですね。
C （多くの子どもが笑いながら頷く）

対話的な学びを引き出すPOINT
教育的な表現ではないですが，その所感を問うことで，子どもの発言を価値付けています。

❹ まだ分からない人のために

T　たしかにおかしいですね。最後はC15さんにお願いしています。

C15の発表ボード

```
    1 1
  ┌────
8 )9 0
   8
   ──
   1 0
     8
   ──
     2
```

答え　11本と2cm

C15　90÷8はまず9÷8をして，8をかけて8×1をして，9の下に8をたてて，9－8は1で，10をおろして，8……10×8で8を書いて，10－8をして……。（徐々に声が小さくなって聞き取れなくなる）

T　C15さん，説明，もう1回してください。

C15　まず，9÷8をして1を9の上にたてて，9－8で10になって，8の下に1を書いて，90の0を下げて，10÷8をして，1になって，0の上にたてます。それで，10ひく……8×1をして，8になって，0の下に8を書きます。10－8をして，2になります。どうですか？

主体的な学びを引き出すPOINT
教師が説明する代わりに子どもに説明させることは主体的な学びの第一歩です。

T　（多くの子どもが頷くが声は上がらないので）みなさん，どうですか？

C　同じです。

> **Background** 算数の授業で自分たちで説明することに慣れていないために，ここでは過剰なほどに説明を繰り返していきます。これは習熟の効果もある指導の仕方です。

T 今，書いてくれたC15さんに説明してもらいました。クラスの半分くらいの人は分かったと思うけど，まだ半分くらいの人は分かっていないとか，自信がないという表情をしていました。そこで，まだ分からない人のために，もう一度説明してほしいと思うわけです。C65さんに前に出て説明してくれる準備をしてもらっていますので，今度は書いた人ではないC65さんに説明してもらいます。半分くらい分かった人や自信がないという人，分からない人も，よく見てね。

C65 まず，9÷8をして答えは1で，1余るけどその余りは書かないで，1をたてます。8×1をして答えは8で，ここに8を書いて，9－8をして答えは1なので，ここに1を書きます。ここに0をおろしていき，10÷8＝1なので，また1をたてます。ここの8×1をして10の0の下に8を書きます。後は10－8は2なので，2を書きます。どうですか？

C （多くの子どもが繰り返し頷く）

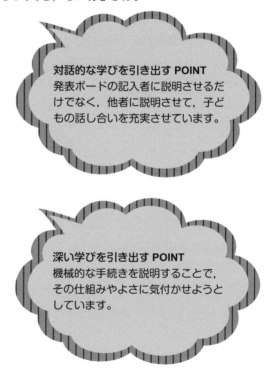

対話的な学びを引き出すPOINT
発表ボードの記入者に説明させるだけでなく，他者に説明させて，子どもの話し合いを充実させています。

深い学びを引き出すPOINT
機械的な手続きを説明することで，その仕組みやよさに気付かせようとしています。

❺ たてる，かける，ひく，おろすを使いながら

T　C65さん，座っていいよ。よく，こういう計算の仕方を，たてる，かける，ひく，おろすと，言います。前の時間までのわり算の筆算の勉強でも，こう言ったでしょ？

C　（多くの子どもが大きく頷く）

T　次に，たてる，かける，ひく，おろすを使いながら，もう一度この計算を説明してくれるかな？　誰か説明して。C34さん。どうぞ。

C34　えっと，まず最初に9÷8をして，9の上に1をたてます。その次に8×1をして9の下に8を書いて，9−8をして，8の下に1を書いて，その後にここにある0をその下におろしてきます。それで，8×1をして，ここに8を書いて，10−8をして2になります。どうですか？

C　（同意する声が複数の子どもから上がる）

T　みんな，大丈夫そうですね。今のKさんの説明はどうでしたか？

C33　分かりやすかった。

C41　よかったです。

C　（複数の子どもが頷く）

T　分かりやすいとか，よかったという意見でしたが，どうして分かりやすいと思ったの？なぜよかったと思ったのですか？

深い学びを引き出すPOINT
期待する発言があった時は，教師は一歩引いて，その価値を子どもの言葉で明確にしていきます。

C34　丁寧にきちんと細かく説明したからです。

C12　省略しちゃうことがあるんだけど，細かく説明してよかったです。

T　なるほど。細かく説明していたわけですか？

C12　そうです。細かくです。

T　では，座席近くの3人ずつのグループで，今の説明を順番にしてみまし

ょう。C34さんと同じくらいに丁寧に説明できたら，合格ということにしましょう。1人の人が1分くらいで説明をして，他の2人の人が合格かどうか決めましょう。3人の説明が終わったら，お互いに合格か教えることにしましょう。

T それでは，机をそのままにして3人グループで説明しましょう。1人目の人，始めてください。

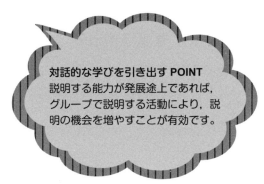

対話的な学びを引き出すPOINT
説明する能力が発展途上であれば，グループで説明する活動により，説明の機会を増やすことが有効です。

C （前後の3人グループで顔を近づけ1人目の説明を聞き合う）
T （1分後に）では2人目の人の説明を始めます。
C （先ほどと同様に2人目の説明を聞き合う）
T （1分後に）最後の3人目の人。説明を始めましょう。
C （先ほどと同様に3人目の説明を聞き合う）
T （1分後に）全員の説明が終わりましたね。では合格かどうかお互いに教えてあげてください。2人のうち2人とも合格の人は合格，1人の人は仮合格，そうでない人は不合格ということにしましょうか……。
C （互いに合格か否かを伝え合う）
T （1分ほどして）合格かどうか分かりましたか？　合格だった人？
C （7割程度の子どもが挙手する）
T 仮合格だった人と不合格だった人は，今日中に先生に説明を聞かせてくださいね。

Background 居残り学習ではなく，できるだけ休み時間や給食準備の時間を活用することで，教師と子どもの負担感を軽減することも大切です。

4 まとめ 学習成果の確認と習熟,そして発展

❶ 検算という言葉を使って

T 教科書を後で見てもらうと分かるんだけども,この問題の式の計算は,一般的には筆算で計算することが多いようです。なぜ,筆算をすることが多いんだと思いますか?

C13 便利だから。

C44 ラクだから。

C21 計算が難しいから。

T そうねぇ。計算が難しいわけじゃないと思うけど。正確に言えば?

C21 すぐに計算するのが難しい。

T そうね。暗算だと難しいってことなんだろうね。

C24 暗算だー。

T 暗算だと難しい計算だという話になっている,余りのあるわり算は,このC62くんみたいに計算すると,正しいということを示したり,計算間違いしていることを示したりすることができるというわけですね。この計算,何と言うか知っている? こういう計算の式に名前がついてる。んーんー算。誰か?
C35くん。

C35 たしかめ算。

T 他。知ってる人?

C (挙手がない)

T 教科書を開いて探してごらんよ。

C34 検算。

主体的な学びを引き出すPOINT
子どもに教えるべきことでも,子どもが知っているなら,子どもの活躍する場にすることが大切です。

T　そうね。教科書にはこう書いてあってね。検算って書いてある。検算の検はこうでね。(「検算」を板書して) 言ってみよう，さん，はい。

> **Background** 数学的な正当性を担保すると同時に，発達段階を踏まえた教育的な指導が必要です。ここでは教科書を持ち出して子どもたちの納得を引き出しています。

C　検算。
T　はい，指出して，漢字の検って字を書くよ。(指で空書きしながら) 1，2，3，……11，12。検算。言ってみよう。
C　検算。
T　OK。今度から検算って言葉を使おう。検算という言葉を使って，C62くんの説明をやり直してみよう。
C14　90センチのリボンを8センチずつに切り分けるので，90÷8になります。9÷8で1で，9－8で1で，10÷8で1で，10－8で2だから，11余り2です。この検算は，8×11で88で，88＋2で90です。
T　なるほど。つけ足しのある人はいますか？
C23　検算で90になったから，確かめられました。
C54　8×11＋2＝88＋2で90の検算になったから，計算が正しいことが分かりました。
C12　検算の8×11＋2をすると90になったから，11余り2の答えが間違ってないことがはっきりした。
T　検算をすると正しいか間違っているかが分かるということですね。
C34　先生，たしかめ算と同じ？
T　検算という言い方が正しいようです。計算を確かめることが目的であれば，11×8でもよいですが，式の意味を考えると8×11の方がよいということでしたね。

2 今日の授業の中で何が大事だった？

T　もうちょっとで授業がおしまいです。今日の授業で何が大事だった？
C25　90÷8の式だと思いました。
T　どうして90÷8が大事だと思ったの？
C25　だって，式が間違っていたら答えが違うから。
T　なるほど。たしかに，その通りだ。はい次。
C14　前と違って，余りが出ること。
T　なんで余りが出ることだと思ったの？
C14　前と違うから。
T　前と違うから，何？
C14　前と違うから，筆算が新しくなった。
T　なるほど。どんなところが新しくなったの？
C14　余りの2を一番下に書く。
T　そうねぇ。今までは？
C14　今までは必ず0と書いたけど，0でなくてよくなった。
T　0でなくてって，何でもよいということですか？
C14　そう，何でもよい。
T　本当？　何でもいいの？　余り10とか。
C34　8より大きいとダメ。
C　そりゃそうだ。

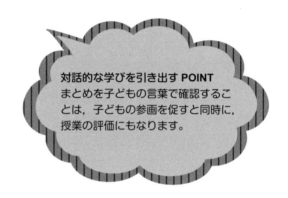

対話的な学びを引き出す POINT
まとめを子どもの言葉で確認することは，子どもの参画を促すと同時に，授業の評価にもなります。

深い学びを引き出す POINT
前時との違いから任意の数でよいかを確認させることで，より深化した理解を促しています。

T　8って何って言うか知っている？
C34　わる数より小さい。
T　そうそう。それも大事だねぇ。つまり？
C65　前の時間と違って余りが出る。
T　なるほど。前の時間まで何してたの？
C65　筆算。
C42　わり算の筆算。
C24　余りのあるわり算のやり方。
T　なるほど。それをまとめとしましょうか……。（「余りのあるわり算をひっさんで計算できる。あまりはわる数より小さくなる」と板書して）余りのあるわり算をひっさんで計算できる。ひっさんって，漢字？
C　漢字。
T　OK。（「筆算」に改めて）筆算で計算できる。こんなところでよろしいですか？　これでおしまいなので，黒板このままにしときますので，大事だと思うことを書き加えて，最後にこのまとめを書いて，時間があったら，お家でこんな計算もやってみてほしいんだけど……。43÷3っていう筆算と，435÷7っていう筆算です。
C　習ってない。
C　大丈夫やろ。
C　分かるやん。
T　言ってることは，習ったか習ってないかじゃなくて。時間があったらやってみてくださいってこと。書く前に号令かけてください。

> **Background**　既習を生かして新しい算数・数学を創るという指導が必要なために，ここでは子どもの自由な発言を待って授業を進行させています。

C　起立，気をつけ。礼。ありがとうございました。
T　どうもお疲れさまでした。

5 ペアと小グループによる協働的な学び合いの意味と価値

❶ ペアによる協働的な学び合い

　本時では問題設定において，ペアによる協働的な学び合いを位置付けています。それは45cmずつに切り分けると答えが求めやすいという子どもの意見を受けて始められる議論の一部でした。教師による「90センチのリボンを45センチずつ切り分けるとどうなる？」という発問に対して，発言をする挙手が少なかったことが原因でした。

　挙手が少ないと言っても90÷45は未習ですから，3名の挙手が少ないと簡単には言い切れません。最も45＋45＝90と考えれば既習ですから，3名の挙手が少ないと言えるでしょう。この点から，問題中の「分ける」という表現が除法を強く想起させ，挙手が少なくなったと見るべきです。

　授業では，「45は90の半分だから」という根拠から，2本に切り分けられるという結論を導いていきました。これだけから除法を意図していたのか，加法を意識していたのか不明瞭です。もしかすると数感覚を根拠にしていたと見る方が適切かもしれません。

　いずれにしても，この場面ではペアによる協働的な学び合いを位置付けたことで，挙手が増え，結果として子どもの理解が深まったと言えるでしょう。この点で，本時においては，その有効性が指摘できます。

　また，この場面では，「先生には聞こえない声で」とか，「10秒で言ってみましょう」といった，細やかな指示が特徴的です。発達段階を考慮した妥当な指示であったと言えそうですし，漠然と活動させるのではなく，学級集団に応じたいくつかの配慮に基づいた指導が必要であることに気付かされます。

❷ 小グループによる協働的な学び合い

　小グループによる協働的な学び合いは，練り上げにおける最終局面において位置付けられています。具体的には90÷8の筆算の機械的手続きを説明する機会を確保する目的から，この活動が設定されています。

　説明の仕方について「どうして分かりやすいと思ったの？　なぜよかったと思ったのですか？」という発問から，C34の「丁寧にきちんと細かく説明したからです」や，C12の「省略しちゃうことがあるんだけど，細かく説明してよかったです」という発言に示されているように，ここでは細かく丁寧な説明が期待されています。よって，座席近くの3人ずつのグループで，筆算の説明を順番にすることが指示されます。

　この場面で効果的であったのは合わせて，「C34さんと同じくらいに丁寧に説明できたら，合格ということにしましょう」という指示であり，2名が合否を判定するジャッジをするという役割を明確にしたことです。そして，合格，仮合格，不合格というラベルを用意したことが効果的でした。

　授業の中ですべてを指導しきり定着させ，成就感を高めていくことが期待されています。特に学力向上という文脈から，その傾向は顕著です。そのためには，個々の子どもを的確に評価することが欠かせません。そのためには自力解決における観察と個に応じた指導がなされる机間指導の役割が大きいことは言うまでもありません。

　本時では小グループによる協働的な学び合いを位置付けることで，子ども同士で評価し合いラベルを張り合う活動を位置付けました。ラベルを張り合うことで，子どもの意欲を高めると同時に，子どもの理解を促進するという副次的な効果も見られます。そして，何よりも合格できなかった子どもを個々にフォローする体制が作られていることが見逃せません。

　教えたことを確実に身に付けさせることは，授業における大切な視点の1つです。この点からも，小グループによる協働的な活動の効果が指摘できます。

❸ 授業の総括

　本時の指導は教師を対象とした研修会の一部で実施された授業であることから，アクティブ・ラーニングという視点だけでなく，一般的な算数の授業としても多くのメッセージを含んだ授業でした。

　その第1は見通しの指導であり，第2は自力解決における指導であり，第3は練り上げの指導であり，第4はまとめの指導でしょう。細かな点はもっと多くの示唆が含まれていますが，ここではこの4点について簡単に触れておきましょう。

　第1の見通しの指導は，問題設定の指導と言えますし，導入の指導とも言えるでしょう。子どもたちに主体的に問題場面について語らせることで，問題の構造を明確にして，解決の見通しにまで迫っている指導は見事です。

　第2の自力解決の指導は，多様性の担保であり，如何に図的表現をさせる指導をするかと言えるでしょう。多様な解決は多様な表現に支えられたものであり，多様な解決が深い学びを誘発します。結果としておもしろい授業の基礎を創ることが，よく示されています。

　第3の練り上げの指導は，子どもの主体的な質疑応答が授業を質的に改善すると言えますし，そのための日々の指導が欠かせないと言えるでしょう。日頃と同じことしか授業の中では実現できないという真理であり，日常の授業改善が欠かせないことを実感させられます。

　第4のまとめの指導は，子ども主体のまとめの実現と言えますし，そのために個々の状況を的確に把握することが大切だとも言えるでしょう。子どもの考えを引き出して，それをもとに授業をまとめる詳細がよく示されていた授業でした。

第2章

リレーまとめと付箋コメントによる協働的な学び合い

　ここでは，小学校第3学年の「計算のきまり」における，（　）のある計算の1時間の授業を取り上げます。これは，平成28年11月にN市内の公立小学校で実施されたものです。
　本単元は全8時間で構成されています。第1次では2時間で（　）のある計算を取り上げて，「出した金額－代金＝おつり」のような場面をもとに式の見方を確認します。第2次では3時間で加減法と乗除法の混合計算を平易なものから順序よく取り上げて，（　）を含む四則混合計算を指導します。そして，第3次では2時間で単元のまとめをします。本時は，この7時間分の4時間目として位置付けられた授業です。
　本単元の目標は，（　）のある四則混合計算です。このような単元では，まず計算の順序を確認した後に，例題となる文章問題を解説してから，実際に問題に取り組ませるという指導が多いようです。しかし，例題を通して問題の解き方を記憶して，その記憶にしたがって類題を解くという指導は，暗記に頼った学習方法であり，記憶に大きく依存した学習指導です。
　分からないから記憶する。できないから解き方を憶える。このような算数を道具とした学び方は，子どもの創造性を高める指導としては不十分です。また，学習への意欲を高めるという点でも満足できる成果は見込めません。この点を考慮して，本時では，練り上げにおけるグループによるリレーまとめと，付箋コメントによる協働的な学び合いを通して，質の高い問題解決の活動に重点を置いた指導に取り組まれています。

1 問題設定
問題場面の理解と課題意識の共有

1 入場料って，何？

T　はい。じゃあ日直さんお願いします。
C　今から3時間目の勉強を始めます。はい。礼。
T　では，ですね。まず，ノートを開きましょう。まず，最初にやることは何でしたか？
C　線を引く。
T　そうだね。線引きだね。
C　（ノートの左側に直線を縦に引き，終わり次第手を膝に置き教師を見る）
T　もうOKサインが出ていますよ。あと何人かな？　3人かな？
C　（全員が手を膝に置く）

> **Background**　授業の冒頭で月日を記入する欄を作ることから，いつもと同じように授業を始めることで，子どもが平常心を失わないように配慮しています。

T　はい，では最近の算数の授業では，一生懸命に自分の頭で考えてきているね？　さぁ，今日も難しいかな……。先生，問題を書いた短冊をいつものように作ってきたんですよ。
T　（問題文の一部である「こども4人で，ゆうえんちへ」と記入してある第1の短冊を掲示して）読みましょう。
C　（およそ半数の子どもが，短冊の裏に「大人」と書かれていることに気付き，教室全体がざわめく）
T　読めますか？　どうぞ。
C　子ども4人で，遊園地へ。

T　（問題文の続きの一部である「行きます」と記入してある第2の短冊を掲示して）じゃあ行くよ。次，どうぞ。
C　行きます。
T　（問題文の続きの一部である「入場りょうは」と記入してある第3の短冊を掲示して）続いて行くよ。どうぞ。
C　入場料は。
T　入場料って何か分かる？　C41くん。
C41　お金。
T　遊園地に入るためのお金，なんだよね。
T　（問題文の続きの一部である「こども1人が100円です。」と記入した第4の短冊を掲示して）いいですか？　どうぞ。
C　子ども1人が100円です。
C　安い！
T　安い？　そうね。はい。さて，問題です。
　（問題文の続きの一部である「みんなで何円はらえばよいですか。」と記入してある第5の短冊を掲示して）どうぞ。
C　みんなで何円はらえばよいですか。
T　これが今日の問題です。では，今日の問題，分かる人？　今日も問題，難しいかな？　頭しっかり使わないといけないね。じゃあ，どうしよっかな……。いいですか？

> **対話的な学びを引き出すPOINT**
> 問題を部分に分けて提示することで，子どものつぶやきをひろい，問題の理解を深めようとしています。

> **主体的な学びを引き出すPOINT**
> 既習の内容で容易に解決できる場面を取り上げて，大多数の子どもの参画を促しています。

❷ あっているけど,違う

「こども４人でゆうえんちへ行きます。入場りょうはこども１人が100円です。みんなで何円はらえばよいですか。」

C （ほぼ全員の子どもが挙手。ハンドサインで４本指を出して挙手する子どもが多数。これは自信があるかを５段階で表現したもので、４本指は自信がある方から２番目の段階に相当）いっぱい。みんな、４だね。じゃあC62くん。式と答え、分かる？

C62 ４×100＝400。答え 400円。どうですか？

C 違う。

T 違う？

C53 あってるけど違う。

T ちょっと待ってね。ちょっと止めようか。この４って何？

C35 子どもの数。

T 子どもの数だよね。×100ってことは100倍？　何か気付いた？

T ×100ってさ。かけ算でいくつ分ってことだよね？　４人の100倍？　あっ、気付いた？

C64 100×４＝400です。どうですか？

T どうしてダメなの？　４×100が。

C43 ４が100倍になっちゃうから。

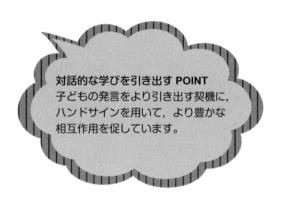

対話的な学びを引き出す POINT
子どもの発言をより引き出す契機に、ハンドサインを用いて、より豊かな相互作用を促しています。

Background 子どもの実態に基づいて、既習である乗法の意味を確認しています。この確認が本時の問題についての解決の見通しへつながっていきます。

T よく気付いたね。気付けば OK よ。ね？　これだと（100×４を指しな

がら), 100円が4人。答えは, いくらですか？
C 400円。
T ということです。
C41 (第1の短冊の裏に「大人」と記入されていることに気付いていた子どもが) まだ大人がいないじゃん。
C12 はい, 先生。
T はい, C12ちゃん。
C12 (黒板に掲示された短冊を指しながら) 一番上の最初, めくってみて。
T (第1の短冊の左側に「おとな4人と」を表面へ折り返して, 問題を「おとな4人とこども4人で, ゆうえんちへ行きます」に改めて) これが隠れてた！ もういいね？
C41 あっ, 何かあった。まだある。(第2の短冊を指しながら) 2段目。
T 2段目？ (第2の短冊の左側に「いっしょに」を表面へ折り返して, 問題を「おとな4人とこども4人で, いっしょにゆうえんちへ行きます」に改めて) これ？
C (多くの子どもが口々に) まだある。
C (多くの子どもが口々に) ほら先生。
T (第3の短冊の右側に「おとな1人が200円で」を表面へ折り返して, 問題を「入場りょうは, おとな1人が200円でこども1人が100円です」に改めて) ということは問題が違うね。さっきの問題とどう違う？ どこが違うかな, C62くん。
C62 大人が増えてる。

主体的な学びを引き出すPOINT
短冊の表の問題で授業を導入して見通しを持たせ, 短冊の裏を見せて子どもの意欲を高めています。

❸ みんなのお母さんが来たんじゃない？

T 大人が増えてるという意見でしたが，どうですか？
C （多くの子どもが挙手をしながら）賛成！
T はい，手，下ろして。大人が増えてるね。どんなふうに増えたの？
C22 子どもだけだったのに，大人が増えた。
C41 4人。
C12 みんなのお母さんが来たんじゃない？
T おもしろいね。さっきの問題と比べて，ちょっと増えているとこ，教えて。さっきの問題から増えているのは？ C24くん。
C24 大人の入場料。
T なるほどね。さっき子どもの入場料だけだったもんね。（大人4人と子ども4人の計8人が遊園地の入場ゲート前にいる様子を示す絵を掲示して）分かりやすくなるように，絵を持ってきたのですが，分かる？ こういうことだよね？ 大人4人と子ども4人で遊園地へ行きます。大人4人いますか？ 1，2，3，4。子ども4人いる？
C （多くの子どもが）いる。

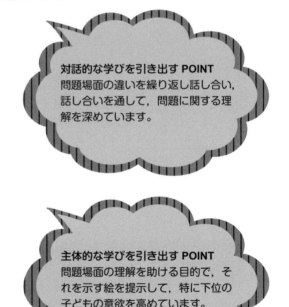

対話的な学びを引き出すPOINT
問題場面の違いを繰り返し話し合い，話し合いを通して，問題に関する理解を深めています。

主体的な学びを引き出すPOINT
問題場面の理解を助ける目的で，それを示す絵を提示して，特に下位の子どもの意欲を高めています。

T 大人4人と子ども4人で遊園地へ行きます。大人はいくらだった？
C （多くの子どもが口々に）200円。
T （「おとな」と板書し，その右に200円と記入された大人用のチケット4枚を離して掲示して）大人が200円，子どもはいくらだった？

深い学びを引き出すPOINT
チケットの掲示の仕方を工夫して，大人1人と子ども1人の料金の合計をまず求める方法を促しています。

C （多くの子どもが口々に）100円。
T （大人の下に「子ども」と板書し，その右に100円と書かれた子ども用チケット4枚を大人用チケット1枚ずつと付けて掲示し）子どもが100円。（黒板に掲示したチケットを指して）後ほどチケットをプレゼントしましょう。1人500円で！

Background　大人1人と子ども1人の合計をまず求める方法を促す理由は，子どもの実態だけでなく，授業の導入の仕方も大きく影響して，その一因となっています。

C （多くの子どもが口々に）えー！
T さぁこれで全部そろったかな？　今日の問題です。みんなで何円，はらえばよいですか？

「おとな4人とこども4人で，ゆうえんちへ行きます。入場りょうはおとな1人が200円でこども1人が100円です。みんなで何円はえばよいですか？」

C （不安げな声を上げる）
T いける？
C （首を振る子どもが数名いる）

❹ すっきりしよう

T　さっきの問題はすぐ手が挙がったけど，どうして？　不安なことある？
C　（数名の子どもが挙手する）
T　不安なこと教えて，C84くん。
C84　1回じゃできない気がする。
T　1回ではできないって，どういうこと？
C84　2個の式になりそう。式が2個になるってこと。
T　2つの式になりそう。なるほど。C44くん。
C44　1つの式になる。
T　あれっ？　式が2つになるという意見と1つになるという意見が出ましたね。ますます不安になっちゃった人もいるかな？
C　（半数ほどの子どもが頷く）
T　1つの式になりそうかな？　どうかな？　不安な気持ち聞かせて，C32さん。
C32　100をかけると0が2桁増えるけど……（徐々に声が消え入る）。
T　今，C32さんは100をかけるなら0を2個増やせばいいけど，何が困ると言っていましたか？
C43　200って言っていた。

深い学びを引き出すPOINT
自力解決に先立って子どもから不安を発言させることで，少しでも見通しを持たせようと配慮しています。

Background　既習事項が十分に定着していない子どもの実態が，よく表れている場面です。自力解決における個別の指導の方針を決めるチャンスとも言えます。

T なるほど，この200をどうしたらいいのか心配。そして，どういう計算になるか不安ということですね。
C84 そう。すげー不安。
C （数名から）できるよ。大丈夫だよ。
T よし，今日の勉強は，みんなの不安な気持ちを解決しよう。どんな式になるのかな？ みんな不安な気持ちだから，この式ができて，この問題が解決すれば，すっきりするよね？
C （数名の子どもが頷く）
T これを今日の授業の課題にするとよさそうだね。誰かまとめて言って。
C45 式を立てて計算してすっきりする。
C35 すっきりしよう。
T 分かりました。式と言っても何でもよいわけではないので，（「正しい式を立てて計算してすっきりしましょう。」と板書して）これを課題にしましょう。

対話的な学びを引き出すPOINT
授業の課題を子どもに話し合わせることで，より子どもたちに明確に把握させています。

「正しい式を立てて計算してすっきりしましょう。」

T では，早速ノートに書けそうかな？ 絵と図使っていいからね。できる？
C うん，できる。
T ただ，ちょっと時間が少なくなっちゃったから，ノートに問題文貼ろうか？ その方が早いね。（問題文を印刷したカードを配布）
C （カードの両面テープをはがしてノートに添付）
T じゃあ問題いつも青で囲むから，青で囲んどいて。それが終わったら授業の課題をノートに書いて。
C （一斉に青で囲んでから，課題をノートに書き始める）

2 自力解決
個に応じた指導と練り上げへの準備

❶ 不安っていう人は前においで

　自力解決は10分間にわたり実施されました。最初の1分間で下の順路で全員の子どもの状況を把握するために，1回目の観察を行っていました。

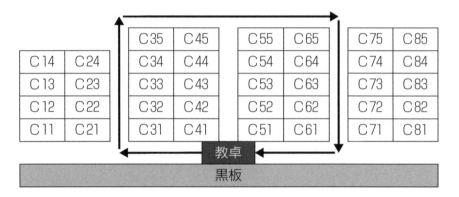

　観察の結果，事前に予想していたよりも解決の状況が芳しくないことから，教卓に戻ると次のような指示を出しました。

T　先に図，かいてもいいんだよ。

　そして，その指示だけでは解決の状況が十分に改善されないと判断して，次のような小集団指導を意識した指示をしました。

T　「先生，まだちょっと不安」っていう人は前においで。

　しばらくすると，7〜9名程度の子どもが黒板前に集まりました。そこでは以下のような小集団指導が3分間にわたって実施されました。

T　ちょっと難しいから，もうちょっと簡単な数字にしよっか。子どもは100円じゃなくて5円にしようか？

C41　えーっ！　5円って，どんな遊園地？

T 簡単な数字の方が考えるのがラクだから，とりあえず5円ってことにするよ。大人はいくらがいい？
C51 100円。
T 100円でもいいけど，とりあえず10円ってことにするよ。これを絵にかくと，こうなるよね。

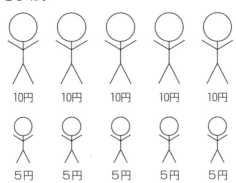

T 大人は10円ずつだから5人だといくら？
C61 50円。
T そうね。10×5で50円だよね。子どもの分はどんな式になる？
C61 5×5で25円。
T みんなだといくら？
C71 75円。
T 式は？
C54 50＋25
T OK？ 分かった？ただし問題の数字は，これと違うよ。

この後，小集団指導を受けた7，8名の子どもたちは自席に戻り，自力解決を再開しました。

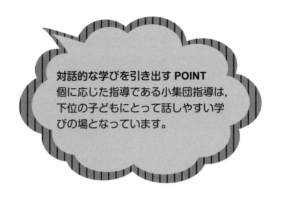

対話的な学びを引き出すPOINT
個に応じた指導である小集団指導は，下位の子どもにとって話しやすい学びの場となっています。

❷ 何かに気付くと二重丸になるよ

　自力解決における4分後から9分後に相当する，次の5分間は赤ペンを片手に先ほどと同様の順路で机間指導をしていました。先ほどは観察と小集団指導に重点が置かれていたようですが，今回は個別の指導に重点が置かれ，全員のノートに赤ペンで丸付けをしていきました。ここは，その前半部に相当します。C74が下のような解決をして手を休めていました。

　　　200×4＋100×4＝1200　　答え　1200円

　C74だけでなく，200×4と100×4をしてから，その和を求めるという解決をしている子どもが多い一方，200と100の和を先に求める解決が極端に少なかったことから，下のような助言をC74にしていました。

T　さっきね，お友達が1つの式になるのかなとか，2つの式になるかなって言っていたよね。ということは，ひょっとしたらいろんな式ができるかもしれないね。

　同様な状況にあったC82やC22にも，同様な趣旨から下のような助言をしていました。そこで，個別の指導では限界があると考えて，下のような指導を学級全体に対して行っています。

T　できた人は他の式も見つけてみるといいよ。他の考え方できないかな？

　丸付けをしながら机間指導を行っているわけですが，統合式と言われる1つの式を書いて正しい答えを導いている場合は二重丸を，2つもしくは3つの式を書いて正しい答えを導いている場合は丸を，それ以外の記述がある場合は三角を付けていきました。それ以外の場合には，次の3つの場合があったようです。第1は，計算間違いがあっても，

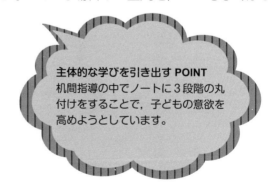

主体的な学びを引き出す POINT
机間指導の中でノートに3段階の丸付けをすることで，子どもの意欲を高めようとしています。

式の個数にかかわらず正しい式を書いている場合です。第2は，式や計算に誤りがあっても，線分図などの図的表現が正しい場合です。第3は，式や図的表現が不適切でも，とりあえず正しい答えが書かれている場合です。乱暴に言えば，それなりの正当性が一部に見られれば三角を付けていました。

机間指導においては遅れた子どもに対する個別の指導として，ヒントカードを用いたり，間違いを指摘したり，既習事項を想起させるなどの指導が目立ちます。しかし，時間が経過すると共に，進んだ子どもに対する指導がなされていきます。C35が下のように2つの解決をして手を休めていました。多くの子どもはいずれか一方のアイディアによる解決をしていたので，C35は明らかに周囲よりも進んだ子どもと言えるのです。

200×4＝800　　　　　　　　　　200＋100＝300
100×4＝400　　　　　　　　　　300×4＝1200
800＋400＝1200　　答え　1200円　　　　　答え　1200円

この2つのアイディアは，授業における期待される反応です。しかし，これを統合式として1つの式に表した方が，問題場面をよく表していることから，C35に対して下のような指導をしていました。

T　C35ちゃん。2つ見つけたね。式，いっぱいありそうよ。すばらしいけど，何かに気付くと二重丸になるよ。
C35　（じっと考えた後に）あっ！
T　気付いた？
C35　（黙ってノートに「200×4＋100×4」と書く。
T　そうね，その通り。計算の続きを書いてね。

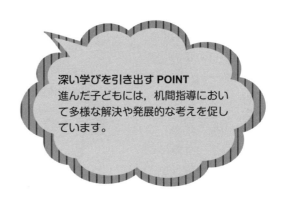

深い学びを引き出すPOINT
進んだ子どもには，机間指導において多様な解決や発展的な考えを促しています。

❸ あれを書き忘れているのかなぁ？

　自力解決における4分後から9分後に相当する，この5分間は，先に示したように赤ペンを片手に先ほどと同様の順路で机間指導していました。ここは，その後半部に相当します。C62が下のような解決をして，机間指導の最中の教師を呼ぶために挙手しました。机間指導の際に子どもが教師を呼ぶことが公に許容されている学級と，公にはシステム化されていない学級とがありますが，本授業の対象となっている学級はこの前者でした。

　　200×4＝800
　　100×4＝400
　　800＋400＝1200　　　答え　1200円
　　200＋100×4＝1200　　答え　1200円

　C62は複数の式に書いた前者の解決と，統合式として1つの式に表現した後者の解決を，ノートに残していました。C62は算数に苦手意識を持つ子どもであり，学力的に下位にあたる子どもでした。しかし，この2つの解決を見比べると，後者の解決は，まず200＋100をして，次に300×4をしていることが推測されます。すなわち式表現に誤りがあるものの，計算の順序と計算，そして答えとしては正しいと言えます。この誤りに気付かせるという目的で，C62に対して下のような指導をしていました。

T　　C62くん，いいことに気付きました。すごいね。手，下ろしていいよ。
C62　（ニッコリ微笑む）
T　　200＋100×4の式だけど，この式はどこから計算するの？
C62　200＋100だよ。
T　　たし算とかけ算はどちらから計算するのでしたか？

深い学びを引き出す POINT
個々に誤りに気付かせ修正していく個に応じた指導が，深い学びを実現する第一歩であり，前提です。

C62 かけ算だよ。
T ということは,あれを書き忘れているのかなぁ?
C62 (慌てて括弧を書き加えてノートを修正する)
T C62くん,よく気付いたね。

　自力解決の終了間際になると,学級全体の子どもに目を配る目的から,子どもたちを肯定的に評価する営みとして,教師は学級全体に対して下のように問いかけました。

T まだ先生に丸,もらってない人?
C (挙手する子どもがない)
T では,そろそろみんな丸,もらったかな?
C (頷く子どもが多い)
T (黒板前に移動して)それでは,ちょっと一度,先生の方を向いてください。
T 「少なくても1つの方法で問題の答えを見つけたよ」って人?

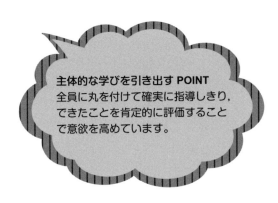

主体的な学びを引き出すPOINT
全員に丸を付けて確実に指導しきり,できたことを肯定的に評価することで意欲を高めています。

C (学級の全員が挙手する)
T はい,手を下ろしてください。それでは「2つより多くの方法で見つけたよ」って人は?
C (25名程度が挙手)
T すごいねー。がんばったねー。拍手です。

3 練り上げ
リレーまとめと付箋によるコメント，そして議論

1 今日はリレーまとめをしたいと思います

T では，いつものように，みんなが答えを見つけた方法をグループになってお話してください。ノートと筆箱を持っていつもの席へ移動します。

C 子どもたちが指定の座席に移動して，生活班とは異なる算数グループの形に机を移動する。子ども4人の第1～8グループが8つと，3人の第9～10グループが2つの，計10の算数グループに分かれる)

> **Background** 日頃から指導している学級での授業なので，いつも通りに生活班とは異なる算数での話し合いを想定した算数グループによる活動が，スムーズに始まっています。

T （1分ほどして）まだ手はお膝の上です。では，今日のお話し合いをしたいと思います。ただし，今日の授業では，いろんな考えがありました。そのためにグループの中で考えが分かれるかもしれないけど，グループのみんなで相談して1つの考えを選んでください。

C （教師の顔を見ながら半数ほどの子どもは頷く）

T 今日はリレーまとめをしたいと思います。

C65 昨日と同じ？

T そう。リレーまとめ。何番の人からやる？

C65 4番。

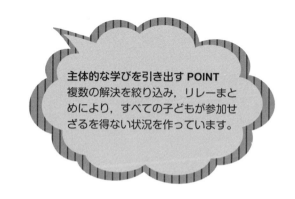

主体的な学びを引き出すPOINT
複数の解決を絞り込み，リレーまとめにより，すべての子どもが参加せざるを得ない状況を作っています。

T 今日はカウントダウンで，4，3，2，1の順番に進めていきましょう。
C （算数グループごとに自分の考えを説明し始める）
T （1分ほど経ったところで）2～3個の考えを考えた人は，お友達が言ってない考えを1つ言いましょう。
C （算数グループごとに自分の考えを説明している）
T （複数の考えを説明する子どもの話を聞きながら）3つの考えを全部，言わずに，1つだけにしてね。

深い学びを引き出すPOINT
複数の解決をした子どもには1つを選ばせることで，能率的な考えを促しています。

このように，算数グループごとに，4の位置の座席の子どもから順に，1の位置の座席の子どもまで，自分の解決を1つずつ説明を続けました。次に，1の座席の子どもが音頭をとって，最も多い考えを算数グループの考えとしてよいかを確認しました。多くの算数グループでは多数決にしたがって，算数グループの考えが決められていきました。しかし，3程度の算数グループでは少数であっても，話し合いの結果，算数グループの考えとして採用された考えが見受けられました。

T （2分ほどして）考えが決まったらホワイトボードに書いてね。

算数グループごとに考えが決まり次第，4の位置の座席の子どもから順に，1の位置の座席の子どもまで，1行ずつ発表ボードにその算数グループの考えを記入していきました。

対話的な学びを引き出すPOINT
リレーまとめにより，すべての子どもが必ず説明し，発表ボードに記入させています。

❷ あー分かった！

　リレーまとめが10のグループにより始められたわけですが，そのうちのC53とC63，C54，C64の4名から成る算数グループの活動は下のようにして始められました。

C53（自分のノートを他の3名に見せながら）私は，200×4＋100×4をして，800と400になって，800＋400＝1200になって，答えは1200円になりました。C63ちゃん。

C63 僕は同じだけど違っていて，（自分のノートを他の3人にちらりと見せて）200×4＝800と100×4＝400で，だから1200。たして1200円。

C64 C53と同じってことで。

C53 式が違うよ。

C64 1つか3つかね。

C53 （C54のニックネームで呼んで）あんたは？

C54 同じでー。（自分のノートを3人に見せながら）200×4＋100×4になってー。

C64 （C54の説明に割り込んで）1つね。

C53 そうね。同じ。C64の番！

C64 （200＋100）×4

C53 あー分かった！

C64 やっぱり，これがいい。

C53 決まり！

C54 （頷く）

対話的な学びを引き出すPOINT
リレーまとめにより，全員が話をせざるを得ない状況が作られています。

深い学びを引き出すPOINT
発言の順番がコントロールされているので，徐々に授業のねらいに迫る学習が実現しています。

C64 書こう。C53から。

この後，C53，C63，C54，C64の順で，下のように発表ボードを記入していきました。

$$(200+100) \times 4 = 300 \times 4$$
$$= 1200$$

答え　1200円

C54が発表ボードに答えの1行を記入し終わると，C64から下のような発言がなされました。

C64 （発表ボードの）下半分が空いているから，これ（自分のノートに描いてある線分図）かいていい？

C63 うん。

この後，C64は下のような線分図を，C53らの意見を取り入れながら発表ボードの下に書き加えた。

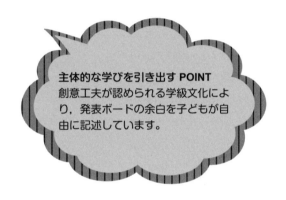

> **主体的な学びを引き出すPOINT**
> 創意工夫が認められる学級文化により，発表ボードの余白を子どもが自由に記述しています。

Background 日頃から図的表現を大切にした指導を繰り返しているので，子どもたちがその価値を自覚しています。その結果，子ども自身が図をかこうとしています。

❸ もう付箋を貼っていいよ

T （発表ボードを）書き終わったグループは黒板に貼ってね。
C （2つのグループがほぼ同時に掲示）
T 黒板に貼ったら，前に来て付箋を書き始めていいですよ。

話し合いが終わったグループから，ノートや筆記用具などは机に置いたままで，各自が教卓から付箋を2～3枚ずつとって記入していきました。その付箋は赤，青，黄の3色が用意されていました。自分が所属する算数グループ以外の発表ボードに関して，最もはやくできる考えは赤の付箋に，最も確実にできる考えは青の付箋に，最も正確にできる考えは黄の付箋に，それぞれその理由を記入して，その該当する発表ボードの空白部に乱雑に貼っていきました。3枚が上限と思われますが，決めかねたり，記入の時間が不足したりする場合などの理由から，付箋を3枚ではなく2枚や1枚の記入で終える子どもや，記入しない子どももごく少数ですが存在しました。

T （2分ほどしてから）もう付箋を貼っていいよ。

対話的な学びを引き出すPOINT
付箋に記入させることで，話すのが不得手な子どもの意見を取り上げようとしています。

Background 日頃から付箋を用いて，互いにコメントをする日常的な指導が行き届いていることが，子どもの動きから分かります。その結果，子どもの授業への参画が増えています。

発表ボードは全体で10枚ですが，その全体は次のような4パターンに整理できました。

	大人と子どもの料金を それぞれ求める方法	大人と子どものペアの 料金をまず求める方法
式が 1つ	200×4＋100×4＝800＋400 　　　　　　　　　＝1200	(200＋100)×4＝300×4 　　　　　　　　＝1200
式が 複数	200×4＝800 100×4＝400 800＋400＝1200	200＋100＝300 300×4＝1200

　2分ほどで大多数の付箋は貼り終わりました。概要は以下の通りです。

●**大人と子どもの料金をそれぞれ求める方法**（式が複数）　3グループ
　　青　計算まちがえが少ないから，かく実にできる　9枚
　　赤　考えやすいから，はやくできる　6枚
●**大人と子どものペアの料金をまず求める方法**（式が複数）　2グループ
　　黄　まとまりだから，正かくにできる　4枚
　　青　計算がかんたんだから，かく実にできる　3枚
●**大人と子どもの料金をそれぞれ求める方法**（式が1つ）　2グループ
　　黄　計算まちがえが少ないから，正かくにできる　14枚
　　赤　式が1つでかんたんだから，はやくできる　8枚
　　他に青が1枚貼付
●**大人と子どものペアの料金をまず求める方法**（式が1つ）　3グループ
　　赤　いつも，すぐに計算できるから，はやくできる　21枚
　　　　式が1つでかんたんだから，はやくできる　12枚
　　他に青が4枚，黄色が3枚貼付

　1分ほどすると，最後の算数グループが黒板に掲示しました。
T　はい，じゃあ最後のグループが来たので，いったん付箋を終了します。
　　付箋タイム閉店！

❹ 多いのと少ないのがある

T　ちょっといいですか。(教卓を黒板中央から教室の端に移動して)じゃあ，みんな座りましょう。

C　(黒板と児童用机の1列目の間の教卓があったスペースに密集して座る)

T　みんなが発表のために書いてくれた，10枚のホワイトボードを見てみましょう。

C　(じっと黒板に掲示されたホワイトボードを見る)

T　みんなが書いた式を見ると，何か気付きませんか？　ここの中の式はみんな，一緒？

C　(数名が自信なさそうに)一緒。

T　あれっ？　元気がないねぇ。みんなの式は違う？

C12　多いのと少ないのがある。

T　今，C12さんが「多い」って言ったけど，C12さんは何が多いと言っていたの？

C85　式を3つ書いているグループと，1つしか書いていないグループがあって，3つの式が多いってC12さんは言っていた。

深い学びを引き出すPOINT
式の数に着目した発言を逃さずに，考え方に基づいて式のよさを際立てています。

T　なるほど。C12さん，それでいい？

C12　私たちは式が1つだから少ないけど，その上みたいに3つのところもあって，多いのと少ないのがある。

T　なるほど。じゃあ，ちょっとこの式，200×4＝800，100×4＝400。800と400，1200だよね？　この考えを書いた第5グループ，この説明をしてください。

C23 大人が1人200円で4人だから200×4をして800で，子どもが100円で4人だから100×4で400で，800＋400で1200で1200円で，答えが1200円。

> **Background** 算数グループで準備的に練り上げて，学級全体の練り上げにつなげていく継続した指導の成果が感じられます。

T　みんな，いいかな？
C　（数名の子どもが頷く）
T　この100×4の4は何かな？
C12　4人。子どもが4人の4。
T　そうだねぇ。じゃあ，800は？
C72　大人。
T　大人の何？
C72　大人の入場料。
T　大人の入場料の？
C72　……。
C43　大人の入場料の合計のお金？
T　そうそう。そういうことね。さっき式の数が多い考えと少ない考えがあるって，C12さんが言っていたけど，みんなが書いてくれた考えは，いくつかに分類できるみたいですね。この式（200×4＝800，100×4＝400，800＋400＝1200）の考え方と同じって，どこにある？
C74　1グループが同じです。
T　第5グループと第1グループが同じだって！
C12　第3グループも同じ。
T　他はいいかな……。

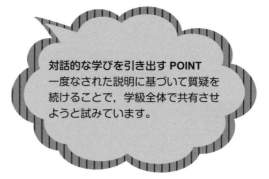

対話的な学びを引き出すPOINT
一度なされた説明に基づいて質疑を続けることで，学級全体で共有させようと試みています。

❺ 合体してるから

T　他にはどうだろう？　同じグループに分けようね。
C45　第2と第4が同じ。どっちも200＋100＝300をして，300×4をしている。
T　なるほどね。（第1，第3，第5グループを近くに，また第2と第4グループを別のまとまりに掲示位置を移動する）あと一緒なのはありますか？　これはどう？　（100×4）＋（200×4）＝1200はどう？
C75　それはおかしいと思います。間違っています。
T　間違っているかどうかは，ともかくとして，（　）ということは，どこから計算するのだっけ？
C43　（　）の中の100×4から計算するのだけど，（　）はいらないです。
T　いらないって，どういうこと？
C75　100×4を最初にするのです。（　）がなくても……。
T　なるほどね。（　）はいらないのね。C83くん，直してくれますか？
C83　（第8グループの発表ボードを100×4＋200×4に修正する）

> **Background**　単元における前時までの指導内容である括弧の使い方など十分に定着していない実態に応じて，丁寧に確認して子どもの理解を促しています。

T　この式の100×4でいくつ？
C　（15名ほどが口々に）400。
T　200×4でいくつ？
C　（15名ほどの子どもが口々に）800。
T　これを（200×4＝800，100×4＝400，800＋400＝1200と記述している第2と第4グループの掲示コーナーを指し）あっちの仲間に入れたらダメ？
C　（8名ほどの子どもが）いい。
C　（3名ほどの子どもが）ダメ。

T　どうしてダメなの？
C45 たし算してるから。
C64 合体してるから。
T　合体って何だぁ？
C64 3つの式を1つにしているから，合体。式を合体。
T　なるほど。そうかぁ，合体しただけなんだ。じゃあ，同じ仲間に入れてもいい？
C64 あー。考えは同じだー！
C　（同意する声が広がる）
T　じゃあ，((200＋100)×4を指しながら)こっちは，どう？
C85 どっちも300を4倍している。
C64 200＋100をしているのも同じだから，同じ。
T　なるほど。式の数は違うけど，(下のように各算数グループの掲示を移動して)考えとしては一緒ということですね。(発表ボードにはこの他に線分図や情景図など図的表現を含むが，ここでは省略)

> 深い学びを引き出す POINT
> 子どもによる合体というつぶやきを拾い，共有化するプロセスにおいて価値付けています。

200×4＝800 100×4＝400 800＋400＝1200	100×4＝400 200×4＝800 800＋400＝1200	200×4＝800 100×4＝400 800＋400＝1200	200＋100＝300 300×4＝1200	200＋100＝300 300×4＝1200
(200×4)＋(100×4)＝1200	200×4＋100×4＝1200		(200＋100)×4＝1200	(200＋100)×4 ＝1200
			200＋100×4＝1200	

❻ 入場券を合わせちゃった

T これで2つに分けることができましたね。

C24 でもねー，4つに分けていたよ。大人の料金を求めるのと，大人と子どもの料金を求めるのと，式が1つのと，2つのと，3つのとに，分けられる。

T なるほど，そうだねー。それではその1つずつを詳しく見ていこうね。（掲示された右上を指して）これは？

C65 300を4倍している。

T どれと一緒？

C65 （掲示された右下を指して）それと一緒。

T そうだね。じゃあ（掲示された左上を指して）こっちはさ，どうやって考えたのだろう。この考え方って，どうやって考えたか教えてくれる？ C13ちゃん。

> **対話的な学びを引き出すPOINT**
> それぞれの解決について発問して話し合うことで，特に下位の子どもの理解を確実にしています。

C13 まず大人の200円を出した。

T 大人の200円だけ？

C13 大人4人の入場料。

T そうね。大人4人の入場料の合計ね。まず大人の分を出した。次に？

C13 子ども。子ども4人の入場料の合計。

T 次に，子どもの分を出した。はい，それで？

C13 両方をたした。

T そうだねぇ。まず大人，次に子どもっていう順番でしたね。（同一の分類として掲示されたホワイトボードを指して）この3つは，みんなそう？

C （多くの子どもが頷く）

T じゃあ，(掲示された右上を指して)こっちは違うのかな？ こっちはどう？ 同じなのは何？
C41 答え。
T そうねぇ。答えは一緒だよね。
C 答えが同じだ。
T 答えが同じなのは当たり前だよ。でも，何か式が違うから，考え方が違うんじゃない？ じゃあ，C35ちゃん。
C35 まず，入場券のお金の大人の200円と子どもの100円をたして300円だから。
T 今，C35ちゃんが入場券って，言ってくれたから，これからは入場券って言うよ。
C 入場券！ 入場券を合わせちゃった。
T 入場券を大人の200円と子どもの100円を合わせたわけですね。
C35 合わせて300×4をした。

深い学びを引き出すPOINT
練り上げにおける着眼の基本である比較をさせることで，類推の考えを促しています。

主体的な学びを引き出すPOINT
子どもらしい独自の表現を教室ごとに固有の言葉として位置付けることで，意欲を高めています。

Background 多くの授業では解決の説明とそれに引き続く質疑応答がなされますが，それへの移行的な指導として，発問を軸にした話し合いをしています。

❼ 合体していないからバラバラ法

T　大人の入場券の200円と，子どもの入場券の100円を合わせたということはさ，（掲示された左上を指して）こっちのグループの考えと，どう違うのだろう？

C　（5～7名が挙手）

T　（一呼吸をおいて）求め方がどう違うのだろう？

C64　大人と子どもが合体している。

T　（掲示された右側を指して）大人と子どもを合体させるものと，（掲示された左側を指して）こっちは？

C12　合体していない。

C75　別々。

C21　バラバラ。合体してないからバラバラ法。

C　（何人かが笑いながら）バラバラ法！

T　なるほど，バラバラね。

C　（多くの子どもが）バラバラ法！

C64　合体法とバラバラ法！

深い学びを引き出すPOINT
子どもなりの呼称を学級で決めることで，その特徴を顕著にして，その理解を深めようとしています。

T　（掲示された右側を指して）こっちはどういう方法かと言うと，（200＋100）×4だから，みんなの言葉を使うと，こっちは合体。（掲示された左側を指して）こっちは200×4＋100×40だから，バラバラ法。ということは，どちらでも，答えを求められるのだよね。

T　みんな付箋つけてくれたのだけど，付箋が多いのって，どれ？

C35　（掲示された右上を指して）合体。

T　本当だ。（掲示された右上を指して）これが一番，多いねえ。何って書

いてあるかな……。「すぐに計算できるから、はやくできる」とか「式が1つでかんたん」って書いてある。あぁ、みんな、(付箋に書かれていることが)一緒だ。式が1つだから簡単って書いてあるよ。
C 　(付箋を見つめる)
T 　(掲示された左上を指して)実はこっちは式、何個？

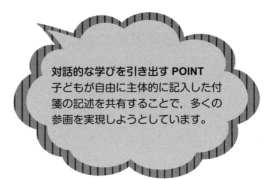

対話的な学びを引き出す POINT
子どもが自由に主体的に記入した付箋の記述を共有することで、多くの参画を実現しようとしています。

C41 　3つ。
T 　(掲示された左下を指して)こっち、式は？
C41 　1つ。
T 　1つだけだよね。3つの式を計算するのではなく、1つの式でもよいということは？
C54 　これも合体して、できる。
T 　合体でできるのだね。式が1つと3つだと、C54さんは、どちらが簡単だと思う？
C54 　式が少ない方が簡単だと思います。
T 　どうして？
C54 　計算は結局、変わらない気がするけど、式を3回書かなくていいから、その分だけ簡単でしょ。
T 　なるほどね。合体ということは、式3つが合体して1つになるから、合体した方が簡単という意見ですね。反対の人はいますか？
C 　(反対の挙手がない)

Background 議論の焦点が不明瞭になっていますが、それは子どもの主体性を大切にしようという教師の配慮が遠因になっています。

4 まとめ 学習成果の確認と深化

1 式には場面を表すという役割もある

T （掲示された右上と左上を指して）この2つの合体だと，どちらが簡単なんでしょうか？

C12 どっちも合体だから，同じに簡単だと思います。

C45 でも，（掲示された右上を指して）こっちは200＋100のたし算と，300×4のかけ算の2回計算すればよいけど，（掲示された左上を指して）こっちは200×4と100×4のかけ算を2回して，800＋400のたし算もしないといけないから，全部で3回計算しないといけないから，（掲示された右上を指して）こっちの方が簡単に決まっている。

C （同意する声が複数上がる）

T 先に200＋100をしてから，300×4をする合体の方が簡単だということですね。

C （同意する声が上がる）

T いや，（掲示された左上を指して）こっちも，もちろんバラバラ法もいいんだよね。算数はいろんな考えがあって，自分が分かりやすい方法が一番いいよって言ってきたように，それぞれによい点があると思います。みんなは，どう思いますか？

C53 でも，はやく簡単にできる方がよいと思います。

対話的な学びを引き出すPOINT
議論が交錯している点もありますが，発問を契機にした話し合いで理解を深めようとしています。

T　そうね。いつも，（そう）やっているものね，この場合だったら？
C53　式が1つの合体がよいと思います。
T　それぞれによいけど，式が1つの方がはやく簡単にできるよね。
C　（複数の子どもが頷く）
T　合体法もさ，これからさ，今日，見つけられなかった人は見つけてみてね。今日の授業で，合体法を見つけられなかった子は，まず一度，自分のノートに合体法を書いてから，授業の感想，書いてください。先生，完璧に見つけたよって人は感想だけでいいです。
C　（ノートに（200＋100）×4の式と学習感想を書き始める）

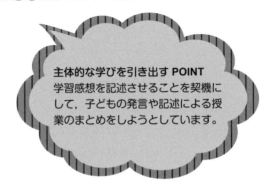

主体的な学びを引き出すPOINT
学習感想を記述させることを契機にして，子どもの発言や記述による授業のまとめをしようとしています。

T　（3分ほどして）それでは感想を発表してくれる人はいませんか？
C85　私はバラバラ法で考えていたけれど，いろいろな考えがあると分かりました。いろいろあるのはよいけど，簡単な方がよいので，合体がはやいと思いました。200＋100は簡単だから，書かなくてよいと思いました。
T　なるほど，合体がはやいのね。それを授業のまとめにしましょうか？賛成でいいですか？
C　（反対の声が上がらない）
T　（「（200＋100）×4のように（　）を使った式ははやくて簡単でよい」と板書して）（　）を使った式をどんどん使いましょうね。

Background　付箋に記述する際にも「はかせ」を観点としていたように，子どもたちは「はやく，確実に，正確に」という着想を自然にしています。

❷ 大人と子どもの人数が同じならできる

T　さっき，C85ちゃんが（200＋100）×4の式について，200＋100を書かないで，300×4でよいと言ったけど，みんなはどう思いますか？

C65　式だから書かなきゃダメだよ。

T　式だからって，どういうこと？

C65　式だから，計算すれば，いいわけじゃないということ。

T　今の分かった？

C35　今日の授業の最初にやったように，10円を5個だと10×5じゃないとだめなのと同じで，計算するだけなら5×10でもいいけど，式は計算するのだけど，それだけじゃないってことだと思います。

T　おもしろいねぇ。C65くんやC35ちゃんが言っていたのは正しいです。先生もその通りだと思います。なぜかって言うと，式には場面を表すという役割もあるので，計算するためだけではないから，C65くんが言ったように，200＋100を書くのが普通です。今日だけでおしまいにしないで，また，詳しく考えていきましょうね。

T　ところで，この（200＋100）×4のホワイトボードには，どれも付箋がたくさん貼られていますが，これ「いつでも」ってあるのです。だけど，合体法はいつでもできるって本当？

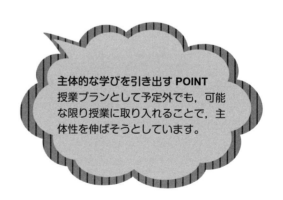

主体的な学びを引き出すPOINT
授業プランとして予定外でも，可能な限り授業に取り入れることで，主体性を伸ばそうとしています。

C　（挙手がない）

T　ピンとこないみたいですね。もし，いつでもって言うなら，大人の人数が5人で子どもの人数が4人の時でもよいのかなぁ？

C45　できない。

T どうして？
C45 大人と子どもの人数が違うからできないです。
T できないでしょ。それなら，どういう時に合体できるの？
C53 今，C45くんが言ったけど，大人と子どもが同じならできると思います。
T 同じって？　何が同じなの？
C53 大人の人数と子どもの人数です。大人の人数と子どもの人数が同じならできると思います。

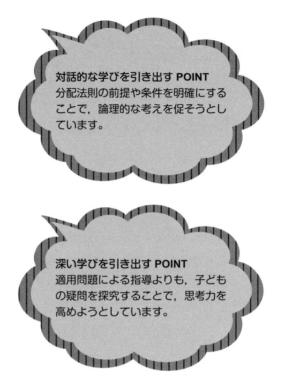

対話的な学びを引き出すPOINT
分配法則の前提や条件を明確にすることで，論理的な考えを促そうとしています。

深い学びを引き出すPOINT
適用問題による指導よりも，子どもの疑問を探究することで，思考力を高めようとしています。

T なるほど。人数が同じの時は合体できるのだね。大人と子どもの1人ずつをまとめて考えると，合体だと人数が違うと，できないこともあるね。では，今日の授業は終わりましょうか。その場に立ってください。
C 起立。
C 気をつけ。これで3時間目の勉強を終わります。
T はい，じゃあ休憩5分間。今日の授業では，合体法とか，みんなで名前を付けてくれたね。バラバラ法とか，名前を付けてくれたね。偉かったねぇ。

Background 授業全体での学習内容が盛り沢山で，まとめとしては時間不足でした。一方で，子どもの様子からは違和感がなく，これが日常的であると感じさせられます。

5 リレーまとめと付箋コメントによる協働的な学び合いの意味と価値

❶ リレーまとめによる協働的な学び合い

　本時では，練り上げの前半部において，3～4名の算数グループによる練り上げを実施しています。そして，すべての子どもが1行ずつ発表ボードを記入していく，リレーまとめによる協働的な学び合いを位置付けています。それは入場料が大人1人200円，子ども1人100円の時，大人4人と子ども4人の入場料の合計金額を求めるという，問題における練り上げの前半部で取り上げられました。この解決は大きく分けると4つの解決方法に分類整理できることから，いずれが望ましいかを話し合わせたいという目的で，リレーまとめが実施されました。

　これらの解決方法は，大人と子ども，それぞれの合計金額との和を求めるという解決と，大人と子ども1人ずつの入場料の和から求めるという解決です。そして，それぞれが統合式か否かの2通りの解決があります。

　授業では，10の算数グループに分かれてリレーまとめが実施されました。そのうちの第7グループでは，はじめ200×4＋100×4という解決について話し合いが進んでいきますが，(200＋100)×4という解決が紹介されると「あー分かった！」と受け入れられていきました。

　この場面ではリレーまとめによる協働的な学び合いを位置付けたので，多様な解決の理解が深まったと共に，すべての子どもが確実に参画したと言えるでしょう。この点で，本時においては，その有効性が指摘できます。

　一方，これは事前の準備的な練り上げであり，その分だけ学級全体での練り上げにおけるダイナミックさを欠く原因となりました。理解が確実になる分だけ，授業のおもしろさが損なわれていたと言えるでしょう。

❷ 付箋コメントによる協働的な学び合い

　付箋コメントは，リレーまとめと学級全体での練り上げの中間である，練り上げの中盤の場面に位置付けられています。リレーまとめが終了した算数グループから付箋コメントに取り組みましたが，リレーまとめを最後に終了した算数グループには，付箋コメントに参加していない子どももいました。すなわち，隙間の時間帯を利用したプラス・アルファとしての活動として位置付けられていたと見なすことができます。

　付箋コメントの特徴的な点は，赤，青，黄の3色があることでした。はやくできる考えは赤，確実にできる考えは青，正確にできる考えは黄の付箋に，理由を記入して，その該当する発表ボードの空白部に貼付していました。

　付箋コメントは進んだ子どもを遊ばせないという生活指導的な視点だけでなく，子どもの授業への参画を促すという効果も期待できます。そして，3色の付箋を用いることで，一目でその解決方法のよさが伝わるという利点があり，子どもの理解をたしかにする一助と期待できます。

　付箋コメントには様々な記述が見られましたが，最も多かったのは，「いつも」，「すぐに計算できるから」，「はやくできる」という趣旨のコメントでした。これに続いた記述は，「計算まちがえが少ないから」，「正かくにできる」という趣旨のコメントでした。

　これらの記述は，授業のまとめの段階において，付箋コメントについて，「これ，『いつでも』ってあるのです。だけど，合体法はいつでもできるって本当なの？」と取り上げられていました。これは大人と子どもの人数が同じだから分配法則を適用できるという，教材の本質に鋭く迫る指導へと直結していきました。この授業での取り扱いから，付箋コメントは，単なる進んだ子どもが遊ばないための指導の工夫から，3色を用いるが故によさが一目で伝わるという効果と共に，深い学びへと子どもを誘う，さらに先へ進んだ今日的な指導であると評価できます。

❸ 授業の総括

　本授業は，N市教育委員会の承認と推薦を受けて実施されたものであり，示範授業的な扱いを受けた授業でしたから，必然的に欲張りな授業となりました。指導方法の面から見ると，リレーまとめや付箋コメントの他にも，多くの先生方にとって，授業改善のきっかけとなりうる授業となりました。

　その第1は短冊を用いた問題設定であり，第2は自力解決における小集団指導，第3は赤ペンによる丸付け机間指導，第4はまとめにおける学習感想でしょう。細かな点はもっと多くの示唆が含まれていますが，ここではこの4点について簡単に触れておきましょう。

　第1の短冊を用いた問題設定は，導入の3つの目的を達成するための工夫です。3つの目的とは，動機付け，内容の方向付け，方法の方向付けと言われます。このうち，動機付けは成功と言えますし，方法の方向付けも満足できる状況と思われます。その点で式の意味に関する内容の方向付けに課題を残したとも言えるでしょう。

　第2の自力解決における小集団指導は，机間指導における個人差に応じる指導の典型的な工夫です。指導の内容としても方法としても適切であったと思われます。しかし，少し開始時間が早すぎた印象は拭えません。授業者の焦りが感じられました。

　第3の赤ペンによる丸付け机間指導は，机間指導における意欲を高める指導であり，効果的な評価活動とも解釈できます。二重丸，丸，三角という3段階の評価が客観的であること，この3つのいずれかをすべての子どものノートに付けたことはすばらしいと思います。その分だけ，本時の問題が平易であったとも言えるでしょう。

　第4のまとめにおける学習感想は，授業のまとめに直結していた点が特に優れていました。授業時間の関係で1名のみの発表となったことが残念でした。しかし，その1名の発表は妥当であり，それをまとめに流用したのは，授業者の力量の高さを示す結果となりました。

第3章

チームまとめとリズミカルな対話による協働的な学び合い

　ここでは，小学校第4学年の「面積」における，複合図形の求積の1時間の授業を取り上げます。これは，平成25年12月にK市内の公立小学校で実施されたものです。

　本単元は全10時間で構成されています。第1次では2時間で広さ比べを取り上げて，直接比較や間接比較，任意単位による数値化を体験的に確認します。第2次では3時間で長方形と正方形の求積を取り上げて，縦×横，一辺×一辺を指導します。第3次では2時間で大きな面積を取り上げて，$1m^2$，$1km^2$，$1a$，$1ha$を導入します。そして，第4次では3時間で単元のまとめとして，その一部で複合図形の求積を扱います。本時は，この10時間分の9時間目として位置付けられた授業です。

　本単元の目標は，長方形や正方形の面積を単位や辺の長さに着目して求めることです。本単元は量と測定領域に属するわけですが，他領域と比べて体験的な活動が多く取り入れられる傾向があります。活動ありきで授業が進んでいき，結果として子どもの思考が十分に深まっていないことも，これまでの授業実践の中にありました。

　解決のアイディアを子どもたちの手で見出して，それを価値付ける指導が期待されます。また，学力向上という視点から，子どもたちを授業に積極的に参加させ，学習への集中を高めることが期待されます。この点を考慮して，本時では，練り上げにおけるグループによるチームまとめと，リズミカルな対話による協働的な学び合いを通して，質の高い練り上げの活動に重点を置いた指導に取り組まれています。

1 問題設定
問題場面の理解と課題意識の共有

1 縦分けと横分け

- C これから算数の勉強を始めます。礼。
- C （全員が声をそろえて）よろしくお願いします。
- T それではノートを開いて授業の準備をしてください。
- T （1分程度して）前の授業から，ちょっと間が空いたので，前の時間の勉強を思い出しながら，今日の算数の授業をしようと思います。この前の時に，（下の複合図形がかかれたカードを見せながら）こんな感じの形の面積を求めるのをやりました。覚えている？

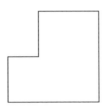

> **Background** 前回の授業が運動会をはさんだ1週間前だったことから，前時の学習成果を想起させながら，本時の問題場面へと進んでいきます。

- C （多くの子どもが口々に）覚えとるでぇー。
- T よっしゃ。これは，そのまんま，長方形や正方形の公式が使えたか？
- C （数名の子どもが口々に）使えん。
- T 使えなかった。長方形や正方形の公式は？
- C （多数の子どもが口々に）縦×横，一辺×一辺。
- T 縦×横と一辺×一辺，これが使えないから，どうするかっていう話やっ

た。(下の点線部を指でなぞりながら)
　　1つ目で出たのは,こんなやり方。こ
　　れはどういうやり方？
C　(多くの子どもが口々に)
　　縦分け。
T　縦分けというやり方
　　でしたね。縦に分け
　　て求めます。C23さ
　　ん簡単に説明して。
　　どんなやり方です
　　か？

C23 まず縦で2つの長方
　　形に分けて,(①を
　　指して)ここを求め
　　て,(②を指して)ここを求めたら,(①を指して)ここと(②を指し
　　て)ここをたす。
T　OK。もう1つ違うやり方があったな。(下の点線部を指でなぞりなが
　　ら)こんなやり方。これは？

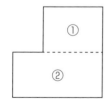

> **主体的な学びを引き出すPOINT**
> 前時の学習成果を子どもに説明させることで,子どもの緊張を和らげようとしています。

C　(ほぼ全体の子ども
　　が口々に)横分け。
T　これは横分け。

> **対話的な学びを引き出すPOINT**
> 学級独自の解決方針の呼称を用いて,その説明を促すことで,スムーズに想起させようとしています。

❷ 正方形から長方形をひく

T　じゃあ，（横分け法のカードを手にして）これはどう考えたのですか？

C74　まず，（①を指して）この横と縦の面積を求めてから，（②を指して）この横と縦の面積を求めて最後にたす。

T　横と縦の面積？（①を指して）これは何の面積？

C74　長方形。

T　（②を指して）これは？

C74　長方形。

T　長方形の面積を求める。そして，たすわけですな。

T　それでは，（右の点線部を指でなぞりながら）これは？

C45　縦横分け。

T　そうでした。縦横分けと名前を付けました。これは説明しなくても分かるよな？　何して求めたの？

C51　長方形。

対話的な学びを引き出す POINT
子どもの不十分な表現を指摘して，言葉を補うことで，全体での話し合いを成立させようとしています。

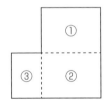

対話的な学びを引き出す POINT
ここでも子どもの不十分な表現を指摘して，発言する能力を高めようとしています。

T　長方形がどうした？
C51　3つの長方形に分けた。
T　（下の点線部を指でなぞりながら）ちょっと，先生，がんばって作ってきました。これはなんて名前やった？
C72　全体からひく。

> **Background**　学級独自の表現が様々となされますが，中にはこなれていない表現も散見されます。このことからも子どもが主導権をもった授業が積み重ねられていることが分かります。

T　全体からひく。どんなやり方か説明して。
C63　まず，正方形にして縦の長さを求めます。正方形の公式は1辺×1辺だから，正方形の面積を求めて，次に，このオレンジの部分（左上の点線部）の縦と横の長さを求めて，正方形の面積からオレンジの長方形の面積をひいて，答えが出ます。

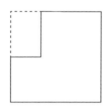

T　今のC63さんの説明で大事な言葉がありました。どんな言葉でしたか？
C32　正方形から長方形をひく。
T　最後の言葉がすごい，大事。正方形，長方形，この2つのひき算をしましたということ。

深い学びを引き出すPOINT
子どもの表現からキーワードを見つけた上で，全体に問いかけて，着目を促そうとしています。

❸ ぼやけているな

T この他にも，ありましたな。（右のカードを示しながら）このように1cmの正方形に分ける方式やな。この名前は？

C 基本の単位法。

T そうや。これは，こういう名前を付けていました。基本の単位法。正方形を数えていったらいいな。1，2，3，4，5って。もっと簡単に数えるには，どう数えたらいい？

C54 えっと，全体から，（左上のかけた部分を指して）この部分は，この6個の部分と一緒だから，全体からこの6個をひけばいい。

T これ，全部から（左上のかけた部分を指して）この部分をひこう。ということは，これ（正方形から長方形をひく）と同じやり方で，できますよってことが分かる。全部数えてもよいけど，全部を数えなくてもよいのです。

主体的な学びを引き出す POINT
一般性がある稚拙な解決方法を確実に身に付けさせることで，主体的な解決能力を高めようとしています。

深い学びを引き出す POINT
他の解決方法と関連付ける発問によって，理解を確実にしようとしています。

T　すると全部に共通することは？
C34　公式を使っている。
T　何の公式？
C34　長方形の公式。長方形の面積。
T　そうやな。長方形にして求めるんだったな。なんで長方形にして求めるの？　なんで長方形にするの？　長方形が好きだから？

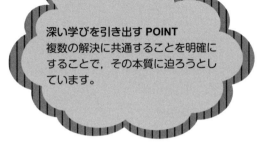

深い学びを引き出すPOINT
複数の解決に共通することを明確にすることで，その本質に迫ろうとしています。

C74　そのままだと，やりにくいから。長方形にするとやりやすい。
T　何でやりやすいの？
C63　そのままだと変な形だから。
T　じゃあ正方形でもいいんじゃない？　なんでわざわざ長方形にしたの？
C32　そのままの形だと，面積が測りにくいから。正方形になっていたとしたら，分けたところの長さの部分が測りにくくなるから，長方形で分けた方がいい。
T　正方形になっていたら，どこの長さが測りにくい？
C32　……。
T　（他からの挙手もないので）ちょっと，ぼやけているな。すごい，ぼやけてる。もっと鮮明にしないといけない。なんで長方形にするの？
C51　正方形にしたら，それで1個（だけ正方形が）作れて，余ったところが正方形にならないから，正方形にするのはやめて，長方形にすると，長方形は2つできて，それで……。（徐々に声が小さくなる）

Background　子どもたちの発言をもとにして，前時の学習状況を評価して，予定している本時の指導の展開を調整しようとしています。

❹ うまいこと，まとめてくれ

T （運動会をはさんで前時からの）1週間の間で意識が遠のいてる。長方形にしたのは何で？

C65 便利だから。

T 便利だから長方形にしたのでしょ。長方形にしたら便利。どうして長方形にしたら便利なの？

C35 公式があるから。

T 公式があるから。ちょっと，まとめてくれ！ うまいこと，まとめてくれ！ 先生まとめないから。

C35 そのままだと公式ができないから。長方形は，公式が分かるから。公式にして……。

> **対話的な学びを引き出すPOINT**
> 話し合いのまとめを子どもに委ねることで，子どもの発言を促しています。

T （教室掲示を指しながら）面積は測る道具がなかった。長さは定規や巻き尺で測った。重さははかりで量った。かさはリットル升やデシリットル升で量った。残念ながら，面積には測るための道具がなかった。

T でも面積は公式があった。測る道具があったらよかったのだけど，でもそうはいかない。じゃあどうするかと言ったら，公式。正方形でもいい。正方形だったら，（教室掲示の「一辺×一辺」を指し

> **深い学びを引き出すPOINT**
> 教室掲示を示しながら，既習をまとめることで，本時での活用を促しています。

て）これでいける。長方形だったら，（教室掲示の「縦×横」を指して）これでいける。だから面積を求める時は，長方形にした。あとは計算でできる。だから長方形，正方形にしようと1週間前は話し合ったのだけど，だいぶ忘れたな。大丈夫か？　今日はこっから先にいくのだけどいいですか？　ちょっと不安ですが。

Background 前時が1週間前であるが故に，満足できる定着の状況でないことから，本時の授業の進め方を迷っている様子が如実に示されています。

T　今日はこれ（先ほどカードで示した長方形の左上を長方形で切り取った複合図形）とは違う複雑な形（右の図形がかかれたカードを見せながら）の面積，まずこれを求めていきます。今日はこのような複雑な形の面積をいろいろと求めてみます。（1）から（3）まで様々な形がありますよ。どんな複雑な形か楽しみでしょ？

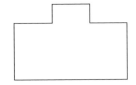

C　（数名の子どもが声を上げて笑う）
T　とりあえず，（上の図形を指して）これは簡単？
C　（5名ほどがが挙手）
T　いけそう？
C　（半数ほどが挙手）
T　不安？
C　（10名ほどが挙手）
T　許してくれ？
C　（2名が挙手する様子を見て，学級全体で笑い声が上がる）

主体的な学びを引き出す POINT
教師から子どもへの挑戦という雰囲気で，学習への意欲を高めようとしています。

❺ 許してくれ？　分からん？

T　もう1つ！（2）では，（下の図形がかかれたカードを見せながら）これを求めていきます。

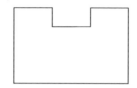

T　できる？
C　（半数ほどがが挙手）
T　不安？
C　（10名ほどが挙手）
T　許してくれ？　分からん？
C　（5名が挙手する様子を見て，学級全体で大きく笑い声が上がる）

主体的な学びを引き出すPOINT
漫才的対話を通して，子どもをリラックスさせて意欲を高めようとしています。

T　3つ目。（3）では，（下の図形がかかれたカードを見せながら）これを求めます。

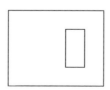

T　できそう？
C　（半数ほどが挙手）
T　分からん？　許してくれ？

C　（5名が挙手する様子を見て，学級全体でより大きく笑い声が上がる）
T　今日の問題は，（「面積を求めなさい」と板書して（1）〜（3）の図形がかかれたカードを下のように掲示）この3つやね。

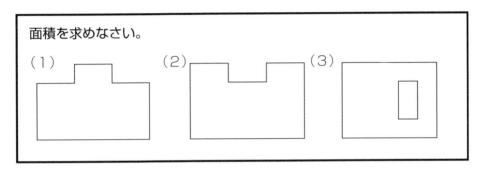

T　この面積はどのようにして求められそうですか？
C72　縦分け法に横分け法，縦横分け法に，全体からひく法，基本の単位法です。

> **Background**　個々の解決方法に命名した学級独自の名称を用いる様子から，本時が特別な授業ではなく，日常的な授業であることが推察されます。

T　（「縦分け法，横分け法，縦横分け法，全体からひく法，基本の単位法」と板書して）じゃあ，これを実際に求めてみようと思います。プリントを出しますので，定規を出して長さを測ってください。
T　（ワークシートを配布して）はい。図の中にかき込んでいいですよ。どう求めるのか書いてください。

深い学びを引き出すPOINT
辺の長さを与えないことで，解決者に着眼を示唆せずに，特定の解決へ誘導しないようにしています。

2 自力解決
個に応じた指導と練り上げへの準備

❶ ぴったりの数で計算してね

　自力解決は17分間にわたり実施されました。最初の6分で下の教卓から1～5を経由して教卓へ至る順路で，全員の状況を把握しながら，1回目の机間指導を行っていました。

対話的な学びを引き出すPOINT
座席を対面形式にすることで，子ども同士が顔を見ながら話し合えるようにしています。

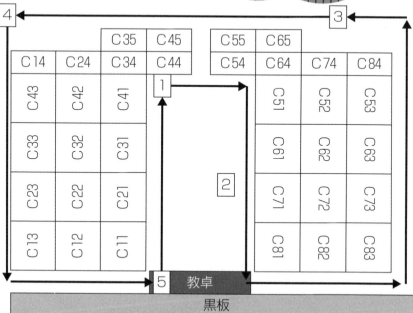

観察の結果，事前に予想していたよりも解決の状況が芳しくないことから，①の地点で下のように指示をしました。
　T　図の中にかき込んでいいですよ。言葉，記号，図など。
　これは，式に悩み手が止まっていた子どもが予想以上に存在したためにされた指導です。
　次に，解決の手のつかない子どもに対してのヒントとして，②の地点で下のような指示をしました。
　T　前のやつがヒントになるはずだよ。どういうふうに考えるか，ヒントになるはずだよ。どんどんやっていこう。
　これは前時の学習における縦分け法や横分け法などの解決のアイディアを，参照するように促す指導です。
　徐々に式を書き始める子どもが増えてきている一方で，図を効果的に使えない子どもが多いことから，③の地点で下のような助言をしています。
　T　図と式の両方に①，②と入れていると分かりやすい。
　これは式に①や②とおいた後に，それに対応する図中の部分に①や②と記入して，式の説明をするように促す指導です。
　測定した辺の長さの誤差に気をとられた子どもが見受けられたことから，④の地点で下のような助言をしています。
　T　長さ，測ってみてね。ちょっと，ずれていたら，ぴったりの数で計算してね。2cm，3cm，4cm，5cm，6cmとかぴったりの数で計算してね。
　これは辺の長さの測定結果の誤差の処理が原因です。辺の長さを与えない指導の副作用と言える状況を是正する指導です。
　解決のアイディアを図中にかき込むだけで，答えに至らない子どもが見受けられたことから，⑤の地点で下のような指示をしています。
　T　どんな求め方をしているのか式に書いてみよう。
　まずは正答をうることを重視する立場から，これは式に書くように促す指導です。

❷ ものによったら，使い分けをしている

　自力解決の後半11分間は下の教卓から教卓へ至る順路で，全員の子どもに，前回よりも丁寧に２回目の机間指導を行っていました。

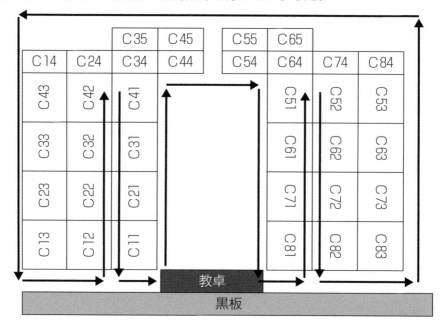

　C11が，下のように直線をかいて，２つの長方形に分割して①と②を記入して，手を休めていました。

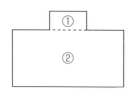

　問題設定における前時の学習の振り返りにより，解決の方針は理解しているも

深い学びを引き出すPOINT
図形的表現と式とを対応させて関連付けることで，関数の考えを促そうとしています。

のの，それが求積に結び付いていないことが示されています。これは，下位の子どもの典型的な状況です。そこで，下のような指導がなされました。

T　①は何という形？
C11 長方形。
T　長方形の面積は？
C11 縦×横
T　縦と横って，どこのこと？

　これは，長さを与えなかったために，辺への着目が薄れ，求積公式へ結び付きにくかったことが原因です。
　C65が下のように図中に直線をかき複数の解決にチャレンジしていました。

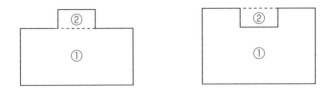

　前時の学習成果の確認が効果的であったが故に，子どもたちがすべきことをよく自覚していることを示しています。そこで，学級全体に対して2度にわたって，下のような指導が行われました。

T　どんどん進んでいきよるで。前やったやり方がうまいこと使えるかもしれないよ？
T　さあ，あと3分くらいで（練り上げを）スタートするよ。ものによったら，こっちの方がやりやすいって言って使い分けをしている。そんなんも，あるかもしれんよ。

　そして，自力解決の終了間際に縦分け法，横分け法，縦横分け法，全体からひく法，基本の単位法のまとめ役として，それぞれC13，C35，C32，C65，C63の名前を板書していきました。このまとめ役は，練り上げにおけるチームまとめの中心的存在となります。

3 練り上げ
チームまとめと解決方法の説明，そして議論

① 自分のチームのまとめ役の席の周りに集まって

　練り上げの冒頭部は，チームまとめによって始められました。チームまとめとは，同じ解決方法をした子ども同士が集まってグループを作り，そのグループで該当する解決方法の説明と質疑応答に責任を持つというグループ活動の一種です。リレーまとめはグループのメンバーの全員が発表ボードを記入しましたが，チームまとめでは代表者が発表ボードを記入します。これが，チームまとめとリレーまとめとの顕著な違いです。授業では下のようにチームまとめが始められました。

T　縦分け法，横分け法，縦横分け法，全体からひく法，基本の単位法のどれをやったか，自分の名前を貼っていこうか。それぞれのまとめ役の名前は，もう書いてあるで。

C　（「縦分け法，横分け法，縦横分け法，全体からひく法，基本の単位法」と板書された下に各自が自分の名前が記入されたマグネットシートを貼る）

> **Background**　基本的には自力解決での解決と同じものを選択することが基本ですが，まとめ役により選択を変更することも許容されます。

　チーム内の話し合いを取り仕切るのは，まとめ役と言われる子どもです。チーム内での話し合いがまとまらず決裂する場合は，まとめ役が自力解決でノートに記述した解決方法が優先されるなど，チーム内での優先権と責任を有します。自力解決の机間指導を通して，予めどの子どもにどの解決方法のまとめ役を任せるかを決定しておき，すでに自力解決の終了間際に学級全

体に告知しています。授業では下のようにこれを再確認しています。

T　（1分ほどして）それでは縦分け法のまとめ役はC13くん，横分け法のまとめ役はC35くん，縦横分け法のまとめ役はC32くん，全体からひく法のまとめ役はC65さん，基本の単位法のまとめ役はC63さんにお願いしています。自分のチームのまとめ役の席の周りに集まって，いつもと同じようにチームまとめを始めてください。時間は5分間が目標です。

まとめ役の周囲に集まって，空いている座席に座ることを許容しますが，多くの子どもはまとめ役の周囲に立った状態で，話し合いに参加します。オープン・スペースや少人数指導教室が確保されている場合などは，チームまとめのための座席を別に作っておくことも有効です。

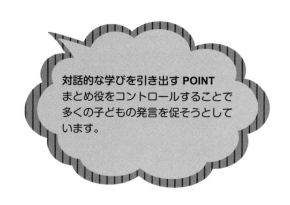

対話的な学びを引き出すPOINT
まとめ役をコントロールすることで多くの子どもの発言を促そうとしています。

授業では，5つのチームに分かれて，縦分け法は9人，横分け法は7人，縦横分け法は6人，全体からひく法は12人，基本の単位法は4人で構成されていました。優れた解決方法に子どもは集まる傾向になりますが，初歩的な解決方法や基礎的な解決方法は集まる子どもの人数が少ないことが多くなります。

指導の目的を考慮すると，初歩的や基礎的であっても教育的価値があるものです。したがって，人数が少ないままを放置することはできません。これを是正するためには，初歩的でも価値があること，基礎的だからこそ学ぶ意味があることを，子どもたちに日頃から指導すると有効です。また，そのまとめ役に力量のある子どもを意図的に配置することも効果的です。

❷ 2×2って，おかしい

　チームまとめは，グループごとに同じ解決のアイディアに基づいて，説明の詳細などの発表の準備をしていきます。その手順としては，第1段階として，まとめ役が自分のノートを示しながら説明を始めます。なぜならば，グループでの話し合いが決裂した場合に，まとめ役の解決が優先されるからです。自力解決の終了間際に，まとめ役は教師からの指名により決まるので，まとめ役を介してグループでの活動をコントロールしていると言えます。授業では，C65がまとめ役を務める全体からひく法のグループでは，第1段階の冒頭部が下のように始まりました。

C65 （ワークシートにかかれた右の図を示して）4×6で24。1×2で2。2×2で4。24－4で20。答えは20cm²。

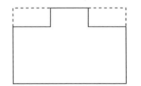

C54 2×2っておかしい。

C65 えっ。あっているでしょ？

C42 20cm²だからあっているわ。

C54 答えはあってても2×2はおかしい。

C65 おかしくないでしょ。

C54 （うしろの2を指して）2ってここでしょ。
　　でも（先の2を指して）この2はどこ？　縦は1でしょ。

C65 それ縦じゃないよー。

　授業では，2×2の式の意味を説明し直してから，このグループの話題は

深い学びを引き出すPOINT
子どもの中に潜む式をよむ立場の違いを，子どもなりに解消しようとしています。

(2) へと移っていきました。求積をしていることから縦×横という長方形の求積公式を前提としているわけですが，C54には$1×2=2cm^2$，$2cm^2×2=4cm^2$という発想がなく，このギャップが解消されるのは容易ではありません。一方的にC65が説明したに過ぎず，このギャップが解消されたとは言えません。

　第2段階として，まとめ役以外のメンバーから，解決及び説明に関する修正意見を募ります。解決そのものについては修正意見が出にくいものですが，説明の仕方に関しては様々な改善の余地があるものです。

　第3段階として，説明者をグループでの話し合いにより決定します。基本的には，まとめ役の解決をもとにした話し合いのプロセスから，決まることが基本です。しかし，場合によっては普段は発言が少ない子どもが説明を担当して，他のメンバーにより質疑応答に対応するなどの役割分担も典型的です。

　授業ではこの第3段階を下のように進めていました。C35がまとめ役を務める横分け法のグループでのやり取りは下のように始まりました。

C35 (1)～(3) があるから3人がいいのだけど？
C74 (3)，やりたい。
C35 C74くんで決まりね。
C （異論は発言されない）
C35 じゃあ (1) か (2) のどっちか，C62さん。
C62 (1) でいい？
C74 どうやったの？
C62 同じ。1×2で2。3×6で18。2と18で20。同じでしょ？
C35 じゃあ，これで決まりね。

Background グループの構成メンバーにより，チームまとめの質は大きく左右されます。黒板にネームプレートを掲示することで，授業者は全体を把握しようとしています。

❸ 電池のような形。こんな求め方でやったで，と説明して

> **Background** 授業では第1段階のまとめ役の解決の理解に2分，第2段階のまとめ役の解決と説明の修正に1分，第3段階の説明者の決定に1分を目安に進行していきました。場合によっては，この倍くらいまで時間を延長することもありますが，できる限り5分程度にしておきたいものです。この後，授業では下のように進行していきました。

T （3分ほどして）あと1分です。説明の準備ができたら席へ戻って。

C （終了したグループから自分の座席に座る）

T じゃあ一度，手を止めて，意見を聞いてみよう。まず（1）の電池のようなこの形。こんな求め方でやったで，と説明してください。C22さん。ちょっと出てきて，やって。

C22 （黒板の前に出る）

T どこで分ける？ ちょっと線，引いてみて。どうやったか，説明して。そして，簡単に式と答えを言って。

> **主体的な学びを引き出すPOINT**
> 解決の方法を指定しないで，挙手した子どもから自由に発言させて，積極的に発言させようとしています。

C22 （下の点線を記入しながら）まず2つの長方形に分けて，（下の長方形を指しながら）これから計算しました。

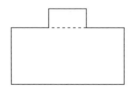

C （数名から）上からやったよ。

C22 それで，縦×横がこの１つの長方形の面積で，それ（上の長方形を指しながら）と，これ（下の長方形を指しながら）と，たしたら出ます。答えは，20cm^2になります。

T なるほど。この式，言える？ 誰か言える？ できたら①，②を書いてくれたらうれしいな。

C （数名が挙手する）

T ①は？ みんなに向かって言ってみて。

C22 （①と②を図中に記入して）①は縦の長さが１cm，横の長さが２cmだから１×２をして，②の縦の長さが３cm，横の長さが６cm。３×６をして18になって，①と②をたすと２＋18で20cm^2になります。

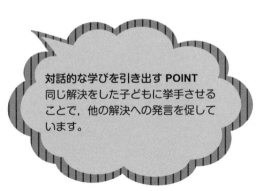

T これは何という方法ですか？

C24 横分け法や。

T 横分け法。これ，横分けでやった人？

C （半数以上の子どもが挙手する）

T 横分けが多いですね。

> **対話的な学びを引き出す POINT**
> 同じ解決をした子どもに挙手させることで，他の解決への発言を促しています。

Background 前時の指導と直前のチームまとめにより，自分たちの解決の妥当性に自信を持っていることがよく伝わってきます。

❹ ちょっと面倒くさい

T 「横分けでないやり方でやりましたよ」という人，どんなやり方でやった？ C61さん出ておいで。どんなにやったか教えてください。

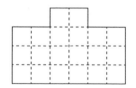

C61 1cmずつ測っていってこの1マスを数えていきました。

T これを1つずつ分けて，いくつ，あった？

C61 20個です。

T 20個あるよって，数えたのだよね。これはC41ちゃんが使った基本単位を使ったやり方。他のやり方いない？

深い学びを引き出すPOINT
面倒でも数えることは確実にできる解決であり，基本に忠実に考えさせようとしています。

C （挙手がない）

T ということは，この形はどうも横分けの人が多いみたい。

T 他には，どんなやり方でやりましたか？

C （数名の子どもが挙手をする）

T 縦分け法？

C13 3つに分けて，（①②③の横を指しながら）ここが6cmで3つだから6÷3で2にして，ここ（①②③の縦の長さ）で3cmだったから3×2＝6。ここ（②の縦）が4cmだから4×2になって8になって，③は①と一緒で縦3cmと横2cmなので6cm^2。答えは20cm^2。

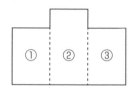

T 答えはどうやって出したの？

102

C13 答えは6＋8＋6＝20になって。
T　20cm²になりましたよ。なるほどなぁ。
T　（教室全体を見渡して一息ついて）これ，全体からひいた人，いない？
C　（10数名が挙手）
T　やってみてどうでした？

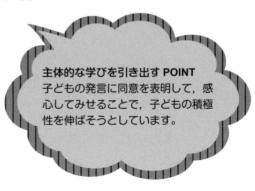

C55 前は全体から1回ひいたけど，この形は全体から2回ひくことになる。
T　全体から1回ひいて，もう1回ひく。何をどうひいたんや？

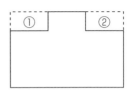

C55 （右の全体を指しながら）4×6で24になって，（右の①と②を指しながら）1×2で2になって，24－2－2で20cm²になる。
T　答えは20cm²になったのですけど，やってみて，どうでした？
C　ちょっと面倒くさい。
T　面倒くさい。人気があるのは，こっち（横分け）。

Background　子どもが積極的に発言をする姿から，学級文化としての発言のしやすさを感じさせます。一方，設問が3問あるように，問題が平易であるのも事実でしょう。

❺ 全体からひくってやったよって人？

T　じゃあ，こっちの凹んだのをしてみましょう。

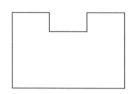

C54 縦が４cm，横は６cm で，まず長方形のすべての面積を求めて24cm²になって，ここに穴があいているから，この面積を測ると，１cm と２cm で１×２で２cm²になるので，そこから24－２したら22cm²になる。

T　22cm²になるそうです。これは何のやり方ですか？
C　（10数名が口々に）全体からひく。
T　全体からひくというやり方ですね。全体からひくってやったよって人？
C　（半数ほどが挙手）
T　これは多いですね。これ以外のやり方でやった人？（１cm のマスで分けたカードを取り出して）先生がこんなにしてかいているってことは，何しているか想像できる？
C　（数名が同意の声を上げる）
T　めったなことでない，スペシャルサービス。じゃあ説明してください。

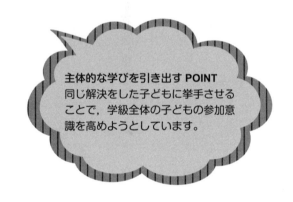

主体的な学びを引き出す POINT
同じ解決をした子どもに挙手させることで，学級全体の子どもの参加意識を高めようとしています。

Background　日頃は授業のための掲示物などは作成しないという趣旨ですが，教室には算数の掲示物があふれていることから，日頃から丁寧に授業の準備をしていることが分かります。

C63 最初にここを１cm ずつ分けていって，これを数えました。

T 数えていくのも悪くないな。どうして？
C63 絶対できるからです。
T なるほど。確実にいける。面積の基本に戻ろうということ。
T （手にしたカードを掲示して）他に何かある？　（黒板のこれまでの掲示と板書と，（2）の空欄を指しながら）縦分け，横分け，全体からひく，どこかに入れることできる？
C35 横分け。
T 説明してください。
C35 まず①のところで横2cm，縦が1cmをかけます。②も①と同じで横2cm，縦1cmです。2×1は2で，③は横が6cmで縦が3cm。これが18で，①と②と③を全部たして2+2+18をして答えが22cm²になりました。

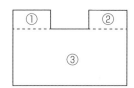

C （口々に）いいです。
T というやり方です。これは横分けで，よろしいですか？
C （同意の声が複数上がる）

深い学びを引き出すPOINT
ひとつひとつの式に拘らずに，解決の多様性を理解させることを目的に，思考力を伸ばそうとしています。

❻ いつでも全体からひくがいいわけとちゃうんやな？

T 他のやり方でやったよという人？
C （5名ほどが挙手する）
T 大体，想像つく？
C44（下図がかかれたカードを手に黒板の前に立つ）

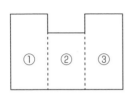

対話的な学びを引き出すPOINT
図と式を同時に提示するだけでなく，図を先に示すことで，子どもの議論を促そうとしています。

T （C44が手にするカードを指しながら）これは何分け？
C （数名が）縦分け。
T それでは縦分けを説明してちょうだい。
C44 まず①の縦は4cmで横は2cmで4×2にして，これは③と一緒なので8×2にして。②は横が2cmで縦が3cmで分けたら2×3で6になって16＋6で答えが22になります。
T というやり方。縦分けでやったのですね。みなさん，縦分けですか？

Background 子どもの発言で終わりにせずに，関連する発問を繰り返して，日頃から子どもの発言を引き出していることが伝わってきます。

C （違うことを口々に呟く）
T この場合は，他の方法が多いと思うのだけど？
C45 全体からひくが多いと思います。

T　全体からひくをやった人？
C　（半数以上の子どもが挙手する）
T　全体からひくが多いんやな。じゃあこれはどうでしょう？　C65さん。
C65　まず，（右の①を指して）ここがあるとして，全体の面積を求めます。縦が4cmで横が6cmだから4×6で24。次に，ここの穴の部分を求めるから，縦が1cmで横が2cmだから1×2で2cm²。それで，この部分から，（右の①を指して）穴をひくから，24－2で答えは22cm²ですけど，どうですか？

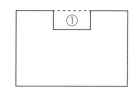

C　いいです。（他にも賛同の言葉が呟かれる）
T　なぜ横分けや縦分けなんかではなくて，全体からひくが多いんやろか？なんか理由があるとちゃうか？
C55　簡単でラク。
C74　（1）でやった電池の形は2回ひかないといけないけど，1回でいいから。
T　なるほど。2回ひくより，1回の方がラクやな。ということは，いつでも全体からひくがいいわけとちゃうんやな？
C　（いつでもいいわけではないという声が複数上がる）

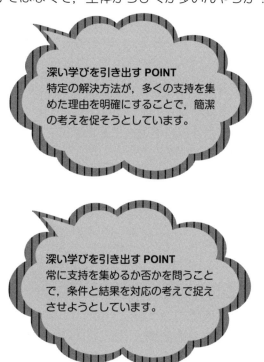

深い学びを引き出すPOINT
特定の解決方法が，多くの支持を集めた理由を明確にすることで，簡潔の考えを促そうとしています。

深い学びを引き出すPOINT
常に支持を集めるか否かを問うことで，条件と結果を対応の考えで捉えさせようとしています。

第3章　チームまとめとリズミカルな対話による協働的な学び合い

❼ どれでもできるけど,全体からひくがいい

T それでは,最後は(右のカードを示しながら)これ。これはどうやった?

C32 縦分けでも横分けでも,どれでもできるけど,全体からひくがいい。

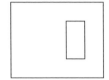

T どれでも,できる。でも,全体からひくのやり方で,やりました? これ以外で,やりました?

C (「やった」という声と「違う方法」という声が拮抗する)

T 人によって違うみたいやな。C41ちゃん,何でやったか想像できる?

C (数人から)基本の単位でやったと思う。

T いろんなやり方があるけど,1つずつ発表してもらおうか?

C74 私は横分けの発表をします。1×5で5,2×3で6,2×1で2,1×5で5。だから5+6+2+5で18cm^{2}です。

T いけるか? 続けていくぞ。

C53 4×3は12で,1×1は1で,1×1は1で,4×1は4。12+1+1+4は18で,答えは18cm^2。縦分け法でやりました。

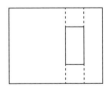

T これでもよさそうやな。大丈夫か?

C 大丈夫,大丈夫。(数名から声が上がる)

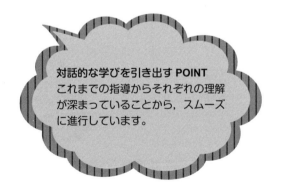

対話的な学びを引き出す POINT
これまでの指導からそれぞれの理解が深まっていることから,スムーズに進行しています。

T いけるのなら,次。
C32 1×3で3,1×1で1,1×1で1,2×3で6,2×1で2,1×3で3,1×1で1,1×1で1。3+1+1+6+2+3+1+1だから,18cm²。

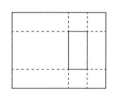

T これは何をしていたの？
C32 縦横法です。
T いけるか？ 大丈夫か？
C （特に反応はない）
T それでは最後は全体からひく。
C42 4×5で,2×1で,20と2で,20－2で18。答えは18cm²です。全体からひくでも18cm²です。

T どうやった？ C32が言うとったように,よかったかい？
C42 よかったです。
T 何がよかったの？ それを言わな,いかん。
C42 計算がラク。
C35 式も簡単。
T 式が？
C74 少ない。少ないから簡単。

深い学びを引き出す POINT
根拠を明確にした発言をさせることで,論理的な考えを促そうとしています。

Background スピーディーな進行ですが,子どもが置き去りにされているわけでなく,リズムある授業が日頃より繰り返されていることが伝わってきます。

4 まとめ
学習成果の確認と発展，そして次時の予告

❶ 分けて，公式を使えるようにした

T　いろんなやり方があるけど，共通しているのは何？
C13　分けていた。
T　何のために分けていた？
C13　……。
C34　長方形に分けていた。
　　　長方形は縦×横だから。
T　縦×横って何をしている
　　る？
C34　分けて，公式を使った。
　　　分けて，公式を使える
　　　ようにした。

主体的な学びを引き出す POINT
共通点を発問することで議論を収束させ，まとめへつなげようとしています。

T　長方形に分けて，この前からやっている長方形や正方形にして公式を使えるようにしたね。公式さえ使えるようにしたら，できるよね。
T　（「まとめ　長方形に分けて公式を使えるようにして面積を求めることができる」と板書して，1分ほど子どもたちがノートに書くのを待ってから）さっきの（3）のように，埋まっている形で，こんなのはどう？いける？

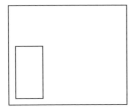 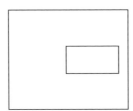 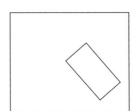

C （数名の子どもが口々に）いけるいける！
T どうなる？
C72 同じです。
T 同じって何が同じ？
C72 同じ方法で答えが出る。
T 同じなのは，方法だけ？
C65 答えも同じです。
T 今の，どうして？
C65 同じ長方形から同じ長方形をひくから同じ。
C84 傾いていたりして，動いているだけで，もとは同じだから同じ長方形。だから同じ。
T なるほど。同じようにして，同じ答えになるんやなぁ。穴が違う場所にあっても，傾いていても，できるよね。このことを使いさえしたら，あるいは歪んでいても使えるね。こういう応用がきくと，どんどん図形，調べられるよね。

深い学びを引き出すPOINT
繰り返し発問を続けて，論点を明確にすることで，探求的な態度を促そうとしています。

深い学びを引き出すPOINT
問題場面の見方を発展的に再設定することで，拡張の考えを促そうとしています。

Background 発展的な見方を促す指導の詳細から，授業の準備としての豊かな教材研究があることが伝わってきます。ここに焦点をあてた授業展開も可能ですが，子どもの実態から本時は設定されています。

❷ ちょっと違うやり方を言いよったで

T　チャイムまで，あと少しです。本当は今日，ここまで，ちょっとやろうと思っていたのだけどね。今度の時ね。

T　これは，どうですか？できそうですか？

C63　3通りあります。一番上のやつを2段目におろすのと，3段目の右側を一番目に持っていくのと，全部，縦と横に線をひいて，それから求めます。

T　ちょっと違うやり方を言いよったで。縦分けしたら？

C　（数名が手を縦に動かしながら）縦に分ける。

T　横分けは？

C　（先ほどより多くの子どもが手を横に動かしながら）横に分ける。

T　ここで切れば，いいんやな？

C　（数名が頷く）

T　これは，全体からひくは？

C32　（右の点線を指しながら）ここをひく。

T　（右の点線を指しながら）ここが余っているから，こんだけをひい

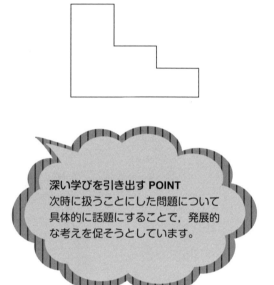

> **深い学びを引き出すPOINT**
> 次時に扱うことにした問題について具体的に話題にすることで，発展的な考えを促そうとしています。

て，というわけやな。C63さんは，これ以外のやり方を言っていました。他にもあるかもしれません。

C74 端っこの部分を切って2番目に高いところにもっていく。

T 新しいやり方が出てきそうやな。先生は実におもしろい技を見つけてきました。また今度やろう。（ワークシートに）今日のポイントを書き込んでください。算数日記のつもりで書いてみましょう。今日のポイントになることは何だったのか。今日の一番の見せ所は？　今日の学習で一番，身に付くことは？　書けたよっていう人は，前の箱の中に出して帰る用意をしてください。

対話的な学びを引き出すPOINT
詳細は問わずに解決のアイディアを取り上げることで，子どもが発言しやすくしています。

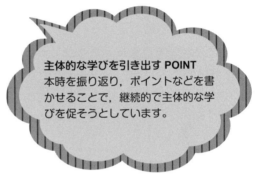

主体的な学びを引き出すPOINT
本時を振り返り，ポイントなどを書かせることで，継続的で主体的な学びを促そうとしています。

Background　子どもへの指示の仕方や子どもの反応から，算数の授業を振り返って，子どもの自発的な家庭における補充的な学習や，発展的な学習に広がっていく算数日記に，日常的に取り組んでいることが伝わってきます。

5 チームまとめとリズミカルな対話による協働的な学び合いの意味と価値

1 チームまとめによる協働的な学び合い

　本時では練り上げの前半部において，4～12名の5つのグループによる練り上げを実施しています。そして，まとめ役である子どもによる解決の説明から始まり，解決方法の吟味と，その説明の仕方に関する事前の検討をしていく，チームまとめによる協働的な学び合いを位置付けています。

　それは，長方形をいくつか組み合わせた複合図形の求積の問題における，練り上げの前半部で取り上げられました。この解決は大きく分けると5つの解決方法に分類整理できるのですが，その優劣に関して3つの解決に多くの支持が集約されることから，チームまとめが実施されました。

　この5つの解決方法は，縦に分割する解決方法と，横に分割する解決方法，縦と横の両方に分割する解決方法，大きな長方形から部分をひく解決方法，1 cm^2 の正方形を数える解決方法でした。

　授業では，C65がまとめ役をした，大きな長方形から部分をひく解決方法のグループでは，2 cm^2 の長方形が2つあり，その和を求める式について，議論になっていました。それは，「答えはあっていても2×2はおかしい」という発言から始まり，互いに意見を述べ合うことで解消されました。

　このようにチームまとめによる協働的な学び合いを練り上げの前半部に位置付けたので，その後の全体による練り上げでは，絶えることなく様々な解決方法が発言されたと言えるでしょう。内容が豊富な本時の授業が時間通りに終了したのは，このような多くの子どもが練り上げに積極的に参画した成果と考えられます。この点で，本時においては，その有効性が指摘できます。

❷ リズミカルな対話による協働的な学び合い

　リズミカルな対話というのは，テンポのよい上方漫才のような教師と子どもの対話を意味します。算数・数学科の授業を語る時，算数・数学から離れた話題を私は好みません。なぜならば，子どもの興味をひくために漫画のキャラクターを登場させる指導は本質的でないと考えてきたからであり，算数・数学の内容で子どもの興味を高めたいと信じてきたからだと思われます。したがって，このリズミカルな対話に対して，これまでの私は学問的価値を見出せずにいましたし，算数の指導上の魅力を感じることはありませんでした。

　しかし，授業を実施する上で教材研究と指導方法の工夫は欠かせませんが，それにひけをとらずに授業に影響するのが教師の指導力と言われるものです。この得体の知れない教師の指導力は，時には教材研究や指導方法の工夫を凌駕して，授業を支配することもあります。少なくとも本時における指導の正否を，教師の指導力の範疇にあると思われるリズミカルな対話が左右していたことは事実です。

　東京都では大学4年次の学生の希望者からから選抜をして，1年間の継続的な研修制度である教師養成塾を実施しています。その担当指導者である退職校長の先生が，塾生の研究授業を指導している時に，「テンポが悪いから授業が駄目になる。よい授業はテンポがよいものだ」という趣旨の助言をしていました。リズミカルであることはテンポがよいと予想できますから，このことからもリズミカルな対話の価値が認められます。

　授業では様々な場面でリズミカルな対話が繰り返されましたが，その典型は問題を提示した時の「できる？」という発問から始まる場面でした。立て続けに「不安？」と尋ね，「許してくれ？　分からん？」と畳みかけました。5名ほどの子どもが挙手する様子を見て，子どもたちから大きく笑い声が上がりました。子どもたちが授業の中で実に楽しんでいる様子がよく伝わってきます。これだけでもリズミカルな対話の価値が指摘できるでしょう。

❸ 授業の総括

　本授業も先の授業と同様にK市教育委員会の承認と推薦を受けて実施されました。授業者は国立大学附属小学校での長い勤務経験があり，授業力と指導力を兼ね備えた中堅教諭として，県内から広く知られた先生です。

　発話記録を読み返してみると分かるように，その量は膨大であり，如何に授業がテンポよく進行していたかが伝わってきます。合わせて子どもたちの反応が素早かったこと，その内容が適切であったことが指摘できます。

　本授業を指導方法の面から見ると，チームまとめの他にも，多くの先生方にとって，授業改善のきっかけとなりうる授業となりました。

　その第1は教室掲示の授業中の活用であり，第2は解決方法の定着に関するネーミング，第3は問題の発展的取り扱い，第4は算数日記でしょう。細かな点はもっと多くの示唆が含まれていますが，ここではこの4点について簡単に触れておきましょう。

　第1の教室掲示の授業中の活用は，問題設定における既習事項の確認における工夫です。第2学年からの量と測定領域の学習成果をまとめた教室掲示は，授業が停滞した時や自力解決に行き詰まった時に，基本へ立ち返るきっかけを与える効果的な指導でした。

　第2の解決方法の定着に関するネーミングは，問題設定における解決の見通しの指導の工夫です。解決方法の名称を付けることで，その特徴を明確にすると同時に，子どもの理解を深め，定着を確実にした指導でした。

　第3の問題の発展的取り扱いは，まとめにおける次時や家庭学習を意識した指導の工夫です。本時の問題と次時の問題の連続性を強調することで，子どもの意欲を高めると同時に，家庭学習での取り組みを許容する指導でした。

　第4の算数日記は，授業のまとめにおける家庭学習を強く意識した本時の振り返りの指導の工夫です。1時間の授業を振り返りながら，反省的に自己の学習を捉え，補充や発展的な家庭学習を誘発する指導でした。

参考引用文献

- 中央教育審議会（2016）「幼稚園，小学校，中学校，高等学校及び特別支援学校の学習指導要領等の改善及び必要な方策等について（答申）（中教審第197号）」文部科学省
- 石山洸（2016）「SF型人工知能論から第四次産業革命へ 人工知能は明日を，未来をどう変えるのか」Omni-management，第25巻第12号，pp.14-19，日本経営協会
- 松尾 豊（2105）『人工知能は人間を超えるか ディープラーニングの先にあるもの』KADOKAWA／中経出版
- 小林雅一（2015）『AIの衝撃 人工知能は人類の敵か』講談社
- Frey&Osborne（2013）"The future of employment：How susceptible are jobs to computerization？" AXIS, No.174, Oxford publication, London
- 杉山将（2013）「確率分布間の距離推定：機械学習分野における最新動向」日本応用数理学会論文誌，vol.23, No.3, pp.439-452
- 中央教育審議会（2014）「初等中等教育における教育課程の基準等の在り方について（諮問）」文部科学省
- 中央教育審議会大学分科会大学教育部会（2012）「予測困難な時代において生涯学び続け，主体的に考える力を育成する大学へ（審議まとめ）」文部科学省
- Polya,G.（1954）『いかにして問題を解くか』丸善
- 長崎栄三（2011）「算数の授業の型の変遷 問題解決に注目して」算数授業研究 No.76 東洋館出版社
- 石井勉（2014）『"学び合い"でわかる算数授業づくり』明治図書
- 石井勉（2015）『きちんと学んでみんなで練り上げる算数科の学び合い指導』明治図書
- 石井勉（2016）『アクティブ・ラーニングによる算数科の学び合い』明治図書

おわりに

　中央教育審議会からの答申（2016）と学習指導要領（2017）の改訂を受けて，学校現場では新しい教育課程へ向けて様々な準備が始まっています。その1つがアクティブ・ラーニングへの対応であり，それを通して実現が期待される主体的な学び，対話的な学び，深い学びを促す指導の具体化です。

　このような今日的な教育課題を強く意識しながら，その解決の一助となることを第1の目的にして，本書は執筆されました。しかし，それは消極的な対応に終始していては，所詮，学力向上まで結び付いていかないものです。よりアクティブにアクティブ・ラーニングの実現に向けて授業実践を積み重ねていくことが求められます。そのためには先生方の算数科の授業が好きだという思いを引き出すこと，算数科の授業はおもしろいという気持ちを高めること，算数科が好きな子どもを育てたいという希望を力づけることが欠かせません。その触媒となることを第2の目的として，本書は執筆されています。

　主体的に学ぶ子どもは，学習への興味・関心が高く，継続的な学びを期待させます。また，対話的に学ぶ子どもは複数の友人と協働して，1人では解決できなかった問題を解決していく，大きな仕事をやり遂げる期待を抱かせます。そして，深く学ぶ子どもは，学習事項を将来にわたって役に立たせる期待を感じさせます。

　最後になりましたが，本書の出版にあたり明治図書出版の矢口郁雄氏には，これまでと変わらぬ御尽力をいただきました。ここに感謝申し上げます。

平成29年1月

　　　　　　　　　　　　　粟国への空路にて　　　　　石井　勉

【著者紹介】

石井　勉（いしい　つとむ）

文教大学教育学部　准教授
　　前　琉球大学教育学部　准教授
　　元　東京学芸大学附属小金井中学校　教諭
　　　　東京都武蔵野市立第三小学校　教諭
　　　　東京都大田区立糀谷小学校　教諭

勤務先　〒343-8511埼玉県越谷市南荻島3337
　　　　　　　　文教大学教育学部学校教育課程数学専修
　　　　☎048-974-8811（代表）
千葉県館山市出身，東京都青梅市在住
主な著書
『アクティブ・ラーニングによる算数科の学び合い』（2016，明治図書，編著），『きちんと学んでみんなで練り上げる算数科の学び合い指導』（2015，明治図書，単著），『"学び合い"でわかる算数授業づくり』（2014，明治図書，単著），『小学校学級担任必携ブック』（2009，明治図書，編著），『学び合いで子どもが輝く・伸びる・高め合う』（2007，東洋館出版社，編著），『学ぶ力を育て合う算数科Ｔ・Ｔの授業』（1998，明治図書，単著），『個を生かす算数科ティームティーチング実践ガイド』（1995，明治図書，共著）

授業ライブ
アクティブ・ラーニングによる算数科の学び合い

2017年4月初版第1刷刊	©著　者	石　　井　　　勉
2023年11月初版第3刷刊	発行者	藤　原　光　政
	発行所	明治図書出版株式会社

http://www.meijitosho.co.jp
（企画）矢口郁雄　（校正）㈱東図企画
〒114-0023　東京都北区滝野川7-46-1
振替00160-5-151318　電話03(5907)6701
ご注文窓口　電話03(5907)6668
組版所　株式会社明昌堂

＊検印省略

本書の無断コピーは，著作権・出版権にふれます。ご注意ください。

Printed in Japan　　ISBN978-4-18-154518-5
もれなくクーポンがもらえる！読者アンケートはこちらから　→

小学校算数の授業づくり はじめの一歩

Ozaki Masahiko
尾﨑 正彦

小学校算数の授業づくりの基礎・基本

「分数のわり算は、わる数をひっくり返してかけるんだよ」と説明するのは簡単。でも、本当にそれで算数を教えたことになるの？　子どもの素直なつぶやきに耳を傾けながら、能動的な学びに導く授業のつくり方を徹底解説。板書の仕方から話し合いの導き方まで全てわかる！

176ページ　四六判　1,800円+税　図書番号：2031

もくじ

- 第1章　あなたの算数授業，本当にそれで大丈夫ですか？
- 第2章　算数の学力って，何ですか？
- 第3章　授業の成否は始まる前に決まっている!?
- 第4章　算数授業の"型"に疑いの目を向けてみよう
- 第5章　子どもの「問い」を引き出す課題提示の工夫
- 第6章　子どもの思考が連続する話し合いの工夫
- 第7章　形だけにしないまとめの工夫
- 第8章　ノート指導の良し悪しで学力の伸び方は大きく変わる
- 第9章　板書は常に子どもの立場で考える
- 第10章　教科書の扱い方ひとつで授業は大きく変わる
- 第11章　テストの限界と可能性を知る
- 第12章　発表・説明の工夫で全員参加の授業を目指そう
- 第13章　しかけと価値づけで能動的な学習態度を育てよう
- 第14章　想定外への対応力を磨き何でも言える授業をつくろう

● 問題解決授業
● 数学的な考え方
● 発問
● ノート・板書
● 教科書
● 話し合い
● 発表・説明
● まとめ
● 評価
● テスト…

算数の授業のことが全部わかる！

明治図書
携帯・スマートフォンからは　明治図書ONLINEへ　書籍の検索、注文ができます。
http://www.meijitosho.co.jp　＊併記4桁の図書番号（英数字）でHP、携帯での検索・注文が簡単に行えます。
〒114-0023　東京都北区滝野川7-46-1　ご注文窓口　TEL 03-5907-6668　FAX 050-3156-2790

＊価格は全て本体価格表示です。